Cartas para un ciego que creía ver

Santiago Molano

Cartas para un ciego que creía ver

**Escritura para sanar:
haz a un lado al personaje
y descubre tu verdadero yo**

DIANA

Obra editada en colaboración con Editorial Planeta – Colombia

© Santiago Molano, 2024

Diseño de portada e interior: Departamento de Diseño Planeta

© 2024, Editorial Planeta Colombiana, S.A. – Bogotá, Colombia

Derechos reservados

© 2025, Editorial Planeta Mexicana, S.A. de C.V.
Bajo el sello editorial DIANA M.R.
Avenida Presidente Masarik núm. 111,
Piso 2, Polanco V Sección, Miguel Hidalgo
C.P. 11560, Ciudad de México
www.planetadelibros.com.mx

Primera edición impresa en Colombia: octubre de 2024
ISBN: 978-628-7707-39-9

Primera edición impresa en México: agosto de 2025
ISBN: 978-607-39-3088-8

No se permite la reproducción total o parcial de este libro ni su incorporación a un sistema informático, ni su transmisión en cualquier forma o por cualquier medio, sea este electrónico, mecánico, por fotocopia, por grabación u otros métodos, sin el permiso previo y por escrito de los titulares del *copyright*.

Queda expresamente prohibida la utilización o reproducción de este libro o de cualquiera de sus partes con el propósito de entrenar o alimentar sistemas o tecnologías de Inteligencia Artificial (IA).

La infracción de los derechos mencionados puede ser constitutiva de delito contra la propiedad intelectual (Arts. 229 y siguientes de la Ley Federal del Derecho de Autor y Arts. 424 y siguientes del Código Penal Federal).

Si necesita fotocopiar o escanear algún fragmento de esta obra diríjase al CeMPro (Centro Mexicano de Protección y Fomento de los Derechos de Autor, http://www.cempro.org.mx).

Impreso en los talleres de Corporación en Servicios
Integrales de Asesoría Profesional, S.A. de C.V.,
Calle E # 6, Parque Industrial
Puebla 2000, C.P. 72225, Puebla, Pue.
Impreso y hecho en México / *Printed in Mexico*

Índice

¿Qué te trajo hasta aquí? 13
    Querido Santiago 14
    El niño que soñaba con ser algo más 16
    Si de cantar se trata... 19
    De besos y cigarrillos 21
    No te mueras nunca 22
    Complejos 23
    Una vida que no era mía 26
    Abrir los ojos 28
    Eso que llamamos yo 31
    El observador de mí mismo 35
    Cuando la solución tiene que ver con dejar de ser yo 41

Dios y el amor 43

La trampa de la felicidad 55

Los "quiero" y los "creo" 65

Dualidad e integración 71

Adaptabilidad, autoestima, sabiduría y cómo fluir con la vida 79

Correspondencia 87

Querido Santiago 97
    Lo que nunca será 98
    Sobre el oficio de ser papá 100
    Ser importantes 102
    Hacerse cargo 104
    Del amor y otras disfunciones 105
    El tiempo 108
    Soltar 110
    Suficiente 112
    En el nombre de Dios 114
    De parques y vicios 115
    Dejarlos ser 116
    Reflejos 118
    Crecer sin crecer 120
    Solo empaque 122
    Sin rejas 123
    Todos venimos del mismo lugar 124
    Entre tú y yo 126
    De culpas y castigos 127
    Saberse vivo 128
    Renunciar para agradecer 130
    Mis deudas 131
    Ese que fui 132
    Ironías y huevos 134
    Tóxico 135
    El confort del inocente 136
    De otra tierra 138
    Parar para parar 139
    Loop 141

Artilugios e ilusiones 142
Dormir... 144
Por si también tenés la cabeza puntuda.. 145
Hablar de amor... 147
Una idea de sanar que enferma... 148
Uno más... 150
La lengua y el *derrier* 152
Silencio muchacho... 153
¿A qué llamas ser fuerte? 154
Sin fondo.. 156
Un camino para todos 158
Sin derechos.. 160
Un mundo que no necesita cambiar 161
Buscar sin encontrar.. 163
Piedras y casas.. 165
Oficios para un desocupado 167
Ser el mismo.. 169
Regalos sin destapar 170
El deber que no te gusta cumplir 172
Sin mejorar 173
Des-espiritual.. 175
A tu manera 177
Bits y pentagramas 178
Aprender a aprender.. 179
Shhhh... 181
Mil caminos y un mismo dolor 182
Cuando digo yo, hablo de nosotros 183
Amores por montones – montones de amores................................... 185
Superhéroes y malhechores.. 186
Vergüenzas de hombre 188
Lo difícil en realidad... 190

Sin vos	191
¿Y si dejas de hacer?	193
Te amo–adiós	194
Evidencias y tropiezos	196
De mí me encargo yo	197
Juicios como confesiones	198
Hagamos un negocio	199
De mendigos y millonarios	201
Armarios y esqueletos	202
Lo que no fue	204
De carácter obligatorio	205
La plácida idiotez	205
Sin destino	207
Cuando sea grande	208
Se vale decir basta	208
¿Mejor que quién?	210
Lo que no suma	212
Lo demás es ilusión	213
Nosotros	214
Los que detienen el tiempo	216
Espejos por oro	217
Más mentiras	218
De mañas y manías	220
Lo que fuimos	221
Ser serpiente	222
Camino al andar	223
Mi vicio favorito	224
Un regalo para dar	225
Una bandera blanca	226
Una cuenta pendiente	227
¿Auto qué?	228

Precoz 230
Que siempre seas tuya.. 231
De tiempos idos 232
De cabeza al agua 233
Om 235
Lo que no se puede perder 236
Cartas para el padre que no he sabido ser 237
Carta para una hija... 239
Para vos, que sos todo. Esta es para vos............. 243
Hernán y la Mona 244
Lo que no supe dar 246
¿Todo? 247
¿Para dónde vas con tanto afán?.......................... 249
Un hombre de verdad... 250
Un hogar 252
El trabajo personal... 253

Agradecimientos 255

¿Qué te trajo hasta aquí?

Desde hace décadas, teorías y gurús del bienestar le dan la vuelta al mundo. A través de libros, pódcast, retiros, series y demás formatos que circulan sin control por las redes sociales, se nos presentan por centenas las que prometen ser las fórmulas certeras para alcanzar la tan anhelada felicidad. Y si bien el entusiasmo de la búsqueda no parece disminuir, la cantidad de seres humanos que han logrado alcanzar ese objetivo sigue siendo ínfima.

Aunque esto pareciera una verdad de Perogrullo, lo cierto es que estar cómodos en nuestra piel, haciendo que los días cuenten mientras conectamos con un propósito que le dé sentido a cada tarea y le aporte valor a la vida de los demás, parece cada vez más una quimera, un sueño inalcanzable, pero no por las razones que creemos. Pues bien, acompáñenme a través de esta aventura de descubrir cómo un día pude —después de ponerme frente a frente con mi propia ignorancia— abrir los ojos y mirarlo todo como si fuera la primera vez.

Antes que nada, quisiera dar forma a algunas intuiciones con respecto a una vocación que hoy me ocupa los días, la de ser un medio para transmitir información que me permita vivir mejor, pues al final siempre enseño lo que necesito aprender. Entiendo mi trabajo simplemente como el escenario que me ofrece la vida, para poder trabajar en mí, así que, si me lo preguntan, gracias a mi trabajo mi vida se convirtió en mi práctica espiritual, que por demás no me invita a huir de mi realidad, sino, por el contrario, a enfrentarla con responsabilidad y optimismo. Comenzaré entonces por contar lo que quizá fue el principio de la inquietud acerca de la búsqueda de sentido y propósito de esta fascinante cuestión que es estar vivo.

Nunca me ha gustado la idea de creer que tengo el derecho de decirle a la gente cómo vivir. En el centro de lo que hago ha estado siempre el anhelo de ser útil, de compartir tanto lo que he aprendido como aquello que aún me genera gran dificultad, jamás desde la postura arrogante de querer imponer mi forma de ver la vida, pues no pretendo aleccionar ni corregir a nadie. Desde hace mucho identifiqué un problema y es que tenemos la tendencia a pensar que nuestras opiniones son demasiado importantes, y así vivimos tirándole encima nuestras opiniones a gente que no las ha pedido.

Querido Santiago

Así que, si tuviera que empezar por desmarcarme de lo que no soy, o lo que no quiero ser, es eso: no quiero dar lecciones, consejos ni recomendaciones. Sin embargo, sé que es fácil caer en ese lugar, sobre todo cuando se intenta reflexionar sobre temas de desarrollo humano, y un día descubrí un mecanismo para comenzar a abrir la conversación: escribirme a mí mismo, ser explícito, nombrarme y reconocerme con todas mis luces y mis sombras, y entender que era urgente y necesario convertirme en maestro de mí mismo.

En ese proceso fui explorando formas, diferentes recursos, unos más acertados que otros, y me di cuenta de que tengo un tono fuerte, crudo, una manera de decir las cosas que de algún modo ha resonado en muchas personas pero que también ha despertado susceptibilidades y generado rechazo, porque la mordacidad, el sarcasmo y el humor negro no son inocentes. La dureza fue siempre mi zona de confort, un lugar desde el cual expresarme y una herramienta a través de la que he descubierto aspectos profundos de mi propia historia. Sin embargo, después me di cuenta de que ese mecanismo era una forma de camuflar una limitación que me ha acompañado por años: la incapacidad de ser compasivo conmigo mismo y con los demás.

Ser implacable ha sido una especie de máscara para protegerme del dolor, que a la vez me impedía entender que, si bien para decir ciertas cosas se necesita firmeza y no maquillar mucho el fondo, lo profundo y necesario también puede decirse de un modo que no negocie el amor ni le dé la espalda a la empatía. El *querido Santiago* fue la forma de aproximarme a esa tarea permanente que tengo conmigo: hablarme con amor y reconectar con la manera como mi papá me trataba de niño, con afecto, comprensión y cariño. Durante mi infancia solía cantarme una canción de Leo Dan que decía: "Santiago querido, Santiago añorado", así que esa fórmula me ha servido para jugar con esos recuerdos y, a la vez, recrear la voz dulce, sabia y siempre optimista de mi padre, y sumarle la voz firme, pragmática y concienzuda de mi madre, para ahora, de adulto, convertirlas en la voz de mi propia conciencia.

Para mí esta voz que me escribe y cuestiona es como un personaje que encarna lo más bonito de los dos: la dulzura de mi papá y la firmeza de mi mamá. Y si bien la forma procura ser dulce sin llegar a ser lisonjera, también es firme, directa y racional, y en ocasiones determinada y enfática, para mostrarme aquello que más me ha costado reconocer. Esa es la razón por la que siempre escribo sobre lo que me está pasando, sobre lo que estoy viviendo, sobre mis errores constantes y mis ocasionales aciertos, sobre lo que me molesta, sobre lo que me saca lágrimas, sobre lo que me emociona. Pero, sobre todo, escribo sobre lo que la vida me sigue demostrando a gritos que necesito aprender.

El niño que soñaba con ser algo más

Nací en Cali el 12 de junio de 1981. Soy el primero de tres hermanos y el primer hombre que llegó, no solo a mi familia —después vendrían mis dos hermanas—, sino a las familias paterna y materna. Cuando nací había seis primas y luego vendrían dos más después de mí, antes de que llegara otro hombre a la familia de mi papá y uno más después a la de mi mamá.

Nací en una familia de clase media —modesta en términos económicos— y nunca hubo lujos ni excesos, pero no tengo ningún recuerdo de escasez, pues a mis ojos de niño hasta lo más simple y pequeño parecía un tesoro: el lujo era tener a mi familia. Durante mi infancia no tuve noción de la diferencia de clases sociales. Crecí en una unidad residencial enorme, que era como una ciudadela, en la que también vivía mi abuela. Allí todos los niños éramos parecidos, con papás trabajadores, los mismos juguetes, las mismas bicicletas, todas las casas del mismo tamaño, no tenía necesidad de compárame con nadie, lo que había era suficiente y recuerdo hacer sido un niño mayormente feliz.

Me formé en un colegio de jesuitas, en donde estudiábamos 120 hombres por curso, y aunque crecí en un entorno femenino con cinco tías, mi abuela materna, mi mamá y mis dos hermanas, encontré una manera de adaptarme y encontrar mi lugar.

Aunque no se me daban muy bien las trompadas, no era particularmente hábil con el balón y era sensible en extremo, hice lo posible por ocultar esa parte de mí a modo de supervivencia. Con todo y eso no pude evitar que mis amigos me llamaran "María Joaquina", en honor a la niña grosera y berrinchosa de la novela mexicana que transmitían por las tardes, *Carrusel*.

Hay algo sustancial y es la noción de que lo que me empoderaba y me daba mi lugar en el mundo era el amor por mi papá. No había nadie a quien quisiera más. Él era para ese entonces un ejecutivo de cargo medio en una compañía de seguros, pero para mí era el presidente del planeta y el único que podía derrotar con contundencia a Superman en caso de una batalla hipotética. Lo idolatraba, fue siempre mi lugar seguro, y creo que sus abrazos fueron lo primero que asocié con el amor y con un hogar. Recuerdo verlo salir a trabajar vestido de saco y corbata, y sentir un orgullo infinito. También viene a mi memoria su olor, mezcla de perfume y cigarrillo; era la única persona a la que el cigarrillo le olía bien. Mi papá celebraba mi manera de ser, me enseñó a valorar mi sensibilidad y me dio el mayor regalo que un padre le puede dar a un hijo: jamás quiso hacer de mí nada diferente a lo que yo era. Sin embargo, de normas, disciplina y firmeza me enseñó poco. Creo que el mayor objetivo de mi papá, más que prepararme para la vida, era que yo lo amara, y sin duda lo logró.

Mi abuela materna, Aurita, quedó viuda muy joven; para ese entonces tenía ya cuatro hijas —de las cuales en ese momento mi mamá era la menor— y estaba embarazada de la quinta. Mi abuelo se acostó a dormir una noche y a la mañana siguiente no se despertó. Un infarto fulminante hizo que se despidiera de este planeta y que mi madre tuviera que crecer sin el privilegio de tener un padre. Mi abuela se dedicó a sacar a sus niñas adelante, trabajó, se esforzó y luchó incansablemente para que todas lograran tener una vida más que digna, sin cargar con el peso lúgubre de la orfandad. Siempre he pensado que con la muerte de mi abuelo, mi mamá, más que perder a su padre, se privó de la fortuna de tener más cerca el amor de una madre.

Intuyo que mi mamá fue una niña que creció sin recibir mucho afecto. La vida era muy difícil para mi abuela, y mi mamá no quería ser un problema más, así que se esforzó desde muy pequeña por hacer todo bien; le tocó madurar siendo muy niña y desarrollar una fortaleza excepcional, que fue lo que permitió que la tragedia no marcara su destino.

Cuando nací, mi mamá se dedicó a criarnos de tiempo completo, y fue una madre comprometida, presente pero rigurosa, rígida y muy exigente —sobre todo con ella misma—. Creo que, entre las labores domésticas y nuestros cuidados, vivía agotada y no tuvo jamás un espacio para florecer como mujer: salir con amigas o cultivar un *hobby*, incluso solo descansar, fueron lujos que no pudo —o no quiso— permitirse nunca. Siempre fue una mujer hermosa, aunque su belleza parecía no tener valor alguno para ella; no he conocido jamás a una mujer menos vanidosa. Para mi mamá los espejos siempre fueron una decoración innecesaria. Fue una mujer espartana, estoica. La verdad es que tuve una gran madre, aunque confieso que de niño eso fue algo que me costó muchísimo ver.

Con el tiempo tomé cada vez más conciencia de la rigidez con la que ella vivía. Era temperamental, irritable e impaciente, y a su vez, yo era demandante, caprichoso, necesitado de un afecto que ella no sabía darme; y si bien me amaba a su manera, su manera era tan suya que yo para ese entonces simplemente no la entendía. Así que poco a poco comencé a vivir con la sensación de no ser suficiente, con la idea de que mi mamá no me quería y que quien sí me quería, mi papá, me abandonaba cada día para irse a la oficina a trabajar para sacarnos adelante.

Si de cantar se trata...

Mi hermana cantaba, mis primas tocaban piano, mi abuelo fue compositor, mi abuela también tocaba piano y en la familia de mi madre todo giraba en torno a la música... pero yo no tenía ese don. Sentía que era un niño sin gracia, alguien que no tenía nada especial.

Mi hermana terminó convirtiéndose en la niña de los ojos de mi abuela y eso también marcaba una diferencia entre los dos. Ella parecía una muñeca, todo el mundo cuando la veía le decía que era hermosa, y además era simpática, amorosa, obediente y cantaba como una mirla, así que comencé a especializarme en joder como un mecanismo para decirle al mundo: "Aquí estoy".

La predilección de mi abuela por mi hermana sobre los demás nietos fue desgarradora para mí. Todos los días iba a La 14 (un supermercado muy famoso en esa época en Cali) y siempre le traía algún regalo a ella, pero a mí no. Así fue aumentando mi sensación de no ser suficiente e incluso de sentir que no era digno de ser amado. Comencé a sentirme defectuoso, incomprendido y sin lugar, una sensación que, si bien no respondía a la realidad, para mí era una certeza.

Poco a poco y sin darme cuenta fui creando un personaje de niño conflictivo, el "poneproblemas". No comía, no me gustaban las cosas, los regalos que me daban no eran los que quería, el mundo estaba en contra de mí y convertirme en una víctima fue mi manera de clamar por atención, de hacer evidente un vacío que crecía dentro de mi cada día y que no sabía nombrar, ni mucho menos atender.

Me obsesioné añorando un mundo en el que fuera amado, comencé a desear con intensidad lo que a mi parecer me faltaba, y a hacer invisible todo lo que sí tenía. Siempre tuve lo necesario, pero para mí nada era suficiente.

Es muy probable que casi todos vengamos de ambientes disfuncionales. Siempre hay que tener en cuenta que lo que es normal para un adulto jamás lo es a los ojos de un niño. En mi casa no había peleas, ni gritos, ni puños, pero eso no significaba que la relación de mis papás fuera armónica. Y si bien se amaban a su manera, como todos, a pesar de sus buenas intenciones tenían temas por resolver.

Cuando eres niño, eres una esponja y sin darte cuenta comienzas a absorber mucho de lo que te rodea. La manera como interpretas el mundo se convierte en tu conducta, y tu conducta se convierte en tu destino, pues empiezas a construir en tu inconsciente ideas sobre el amor y la vida muy particulares. Yo, por ejemplo, crecí sintiendo que mi papá amaba profundamente a mi mamá y que ese amor no era correspondido (el hecho de que yo lo viera de esa manera no significa en lo absoluto que así haya sido); yo sentía que él hacía todo por ella, todo menos lo que ella quería que hiciera (valga la aclaración).

Con los años, me fui distanciando cada vez más de mi madre y, aunque nunca dejó de estar presente, más que ser una compañía se convirtió en una especie de auditora que muchas veces sentí asfixiante. Las mentiras se convirtieron en mi mecanismo para obtener lo que quería, y su altísima exigencia en la manera de tratar de enderezar lo que para ese momento ya se notaba, a todas luces, desviado. Me volví rebelde, mañoso y manipulador. Si bien sentía que necesitaba a gritos poder confiar en alguien y saberme amado, nunca supe pedir ni entendí que las cosas no se exigen, sino que se merecen.

Creo que hice sufrir mucho a mi mamá. Nunca supe apreciarla como la mujer increíble que era, en mi mente todo se desfiguró y comencé a ver el mundo como lo necesitaba para poder seguir alimentando al personaje que había creado y que ahora gobernaba mi vida. Ese personaje al que llamaba yo.

De besos y cigarrillos

Mientras tanto, mi papá se dedicó a ser el bueno de la película, sin involucrarse demasiado; con patearme tres balones tenía, me llenaba de besos y abrazos, y listo. Ahora, cuando miro hacia atrás, me doy cuenta de que quien siempre estuvo fue ella. Mi papá, con la ilusión de tratar de compensar la dureza de mi madre, y queriendo un poco rescatarme de mí mismo, terminó reafirmando la historia distorsionada que yo mismo me conté.

El recuerdo que tengo es el de un hombre al que admiraba de forma irracional. Tengo fijada en mi memoria la imagen de él fumando, mirando por la ventana, con un café en la mano y pensado cosas increíbles, porque todo en él era increíble y yo jamás le vi un defecto. Fui tan duro con mi mamá como indulgente con mi papá.

Bebía con frecuencia y aunque no tengo recuerdos de haberlo visto borracho, creo que con el alcohol buscaba llenar algo que estaba vacío, que no quería nombrar o enfrentar tal vez, y que a todas luces parecía más simple obviar con anestesia. Mis papás estaban juntos, pero no siempre eran pareja, ni socios ni amigos. En algún momento se les olvidó reír, ser amigos, ser cómplices, ser lo que un niño quisiera ver en sus padres: por momentos se les olvidó ser felices.

Los días de enojo se volvieron más frecuentes. Nosotros dejamos de ser niños y las fracturas se hicieron más evidentes, las tensiones más grandes. Éramos una familia de título y aunque nos amábamos, o eso creíamos, no funcionábamos como un equipo. Yo pensaba que el amor dolía, y en esa época había mucho dolor.

Quería ser grande, quería salir, estar lejos, escapar. Así que encontré en la vida social, los amigos, el trago, el cigarrillo y la música un mundo donde mis vacíos tenían sentido, donde estar roto era útil. Encontré cierta dulzura en la tristeza, en la melancolía, y un refugio en la mentira, que sin saberlo se convertiría en mi hogar.

Desde el colegio me decían que era inteligente, pero que me faltaba disciplina. Tenía potencial, pero... Y así mi vida empezó a girar en torno a los "peros". Como que siempre estaba a "casi" de algo. Comencé a entrenar fútbol, un poco con la esperanza de hacer sentir orgulloso a mi papá, pensando que a lo mejor podía darnos una oportunidad para compartir más tiempo juntos. Luego de los entrenamientos me preguntaba cómo me había ido, y yo le maquillaba los relatos, diciendo que había hecho goles y anhelando con toda el alma poder tener el talento que tenían otros y que en mí no se asomó jamás... solo quería que se sintiera orgulloso de mí. Ahora entiendo que siempre lo estuvo, el que jamás se sintió orgulloso de quién era fui yo.

No te mueras nunca...

Que mi papá se muriera fue siempre mi mayor temor, no sé si porque mi mamá perdió a su papá siendo tan pequeña, o porque simplemente no me imaginaba la vida sin él. Sin embargo, nunca me pasó lo mismo con mi mamá. No pensaba que ella pudiera morirse. Mi mamá siempre me pareció inmortal. Yo debía tener siete u ocho años y me acuerdo que de noche me levantaba, iba hasta la habitación en la que dormía mi papá y con cuidado le ponía un dedo debajo de la nariz para verificar que estuviera respirando. Mi mente se convirtió en un mundo donde la fantasía, la ensoñación, lo trágico, lo doloroso y lo imposible eran los temas favoritos para desconectarme del mundo y sobredimensionar lo que sentía.

Complejos

Para entonces veía el mundo desde una postura de escasez. Todo lo que ocurría me servía para aferrarme a la idea de insuficiencia y poca valía que tenía de mí mismo, ya fuera el poco talento para los deportes, la incapacidad para la música, mi cuerpo —que el reflejo del espejo me devolvía siempre deforme—, la cara —que era cualquiera menos la que quería tener—. Lo que era no coincidía con nada que yo pudiera admirar, respetar o cuidar, y no sentía algo parecido a eso que se llama "amor propio". Como si se tratara de una barrera psicológica que me había autoimpuesto, dejé de ver la realidad y comencé a verme a través del filtro distorsionado del desprecio que sentía hacía mí mismo. Empezó una compulsión por compararme: con mis primas que viajaron a Disney, con los que sí tenían zapatos y ropa de marca, con el talento ajeno, con los que sí tenían mamás que los amaban, con las parejas felices, con la fuerza que desplegaban los demás, con la belleza que me era ajena.

Aprendí a sabotearme la vida y me convertí en mi peor verdugo. Lidiaba con una dualidad permanente, y me mostraba arrogante y pretencioso, pero al mismo tiempo sentía que no valía un peso. Hablaba duro, opinaba de todo, empecé a tener posturas controversiales frente a la vida en general y, aunque no faltaba quien celebrara ese rasgo de "pelado" irreverente, porque no tragaba entero, me fui convirtiendo en alguien con un temperamento difícil, no solo para mí sino para los demás. Comencé a interesarme en la política y en la historia, y lanzaba argumentos que daban la sensación de un conocimiento propio de quien, al creer que sabe, solo exhibe su ignorancia. En el fondo sabía que era inteligente, pero no lograba encontrar lo que podía impulsarme hacia algo concreto, era una capacidad inútil, etérea. Me visualizaba como un motor sin transmisión, como un potencial sin rumbo e incapaz de concretar. Necesitaba estructura, esfuerzo y compromiso, necesitaba lo que a todas luces era evidente que no tenía y de niño nunca aprendí.

Me volví un joven enamoradizo. Soñaba con que alguien pudiera llegar a quererme y con llenar de algún modo esa falta de amor, ese vacío que vivía en mí y parecía llenarlo todo. Me sentía atraído particularmente por mujeres para las que yo no existía, mujeres a las que les resultaba invisible, mujeres inalcanzables, mujeres que me servían para reafirmarme.

Era como estar en un laberinto de espejos, pero yo no tenía la capacidad de verlo. No tenía ni la formación ni las herramientas para decodificar ese mensaje. Me fijaba en otras vidas, en la gente que tenía casas más bonitas, dinero, choferes, acceso a viajes, todo eso que estaba tan lejos de mi realidad y que a mi parecer era mejor que lo que me tocaba vivir. Fui muy hábil para, a partir de eso, entrar en un mundo donde no encajaba. Me volví pretencioso y arribista, supe mimetizar mi baja autoestima para que pasara desapercibida y esconderla tras el empaque del "tipo popular". Fingí ser uno más. Aprendí a jugar el juego de ser aceptado y de confundir autoestima con vanidad.

Me dediqué a explorar el lado bohemio y a buscar en el placer un refugio, para encontrar una faceta en la que me podía destacar. Fue así como la fiesta y el trago —borracho nada dolía y podía ser todo lo que no era durante un rato— se convirtieron en herramientas para pertenecer, para sentirme parte de algo. Tuve mucha suerte de que en los entornos en los que me moví de *pelao* no había drogas; si hubiera caído ahí, posiblemente la historia sería otra y ni yo, ni este libro, existiríamos.

Ya hacía mucho tiempo había dejado de buscar la compañía de mi papá y el amor de mi mamá. Para entonces ya eran invisibles. Transferí mi necesidad afectiva a las mujeres y declaré una pelea rotunda con lo que mi mamá representaba, que eran las normas, el orden, lo sensato y cualquier cosa que sonara a un no. A través del trago navegaba de forma desacertada mis heridas. Manejé borracho desde los 16 años hasta los 26, sin parar. ¿Qué vamos a hacer hoy? ¡Vamos a beber! Beber de jueves a sábado y contar con ansias los días para que fuera jueves otra vez, ese era el plan. Era un tiempo de bárbaros. Me fumaba un paquete de Marlboro rojo al día, comía basura, no hacia ejercicio, pero como no consumía drogas me consideraba sano y un tipo de bien.

Supuestamente éramos los pelaos bien. En ese punto yo creía ser parte de la élite de Cali. Quería estudiar cocina, esa era mi pasión, pero para el momento de ir a la universidad mis papás atravesaban una crisis económica muy profunda (como para pensar en estudiar fuera del país) y en ese entonces las opciones para estudiar para ser chef en Colombia no eran como las de hoy, así que decidí entrar a la carrera de Economía y al segundo semestre me pasé a estudiar de noche, porque empecé a trabajar como ejecutivo de crédito de vehículos. Con mis papás quebrados ya no había quien me financiara la fiesta, así que buscar trabajo fue la solución.

A los 19 años empecé a trabajar de tiempo completo. Me vestí de saco y corbata e incursioné de lleno en la vida ejecutiva, con todo y mi juventud. Trabajé en tres compañías multinacionales de mucho prestigio y durante ese lapso tuve un crecimiento profesional acelerado: a los 23 años mi salario era varias veces lo que pagaban en una práctica, y ni siquiera me había graduado. Así que descuidé los estudios, y me vendí el cuento (en otra clara muestra de pretenciosa ignorancia) de que no los necesitaba, de que el sistema educativo no tenía mucho que ofrecerme, y no me gradué nunca. Para entonces me creía todo un doctorcito, y detrás del carné, del cargo y de la corbata trataba de mostrarme como un hombre completo, cuando en realidad vivía completamente vacío y roto.

Una vida que no era mía
Tenía pésimos hábitos, relaciones de pareja enfermizas y, al trago y al cigarrillo, se le sumó la bulimia. Empecé a tener crisis cada vez más profundas. Para el resto del mundo, mi vida era ejemplar, estaba triunfando; sin título profesional, ya tenía carro que me había dado la compañía y un equipo con cuatro personas a cargo, pero para mí todo estaba mal. No me cuadraba ese mundo ni su burocracia, el ambiente competitivo y calculador que se respiraba me asfixiaba, odiaba el trabajo, creo que sobre todo porque hacía evidente mi mediocridad y falta de compromiso. A fin de cuentas la compañía había apostado por mí y por mi talento, pero yo nunca le aporté ni le devolví con esfuerzo la confianza que había depositado en mí. Me sentía vacío y sin propósito. Trate de solucionarlo todo con apariencias, pues pensaba que quizás algún día me sentiría por dentro como me esforzaba por mostrarme al mundo por fuera. Nunca le conté a nadie cómo me sentía en realidad, nunca le hablé a nadie de la bulimia, ni de nada.

Cuando yo tenía 15 años, mi papá tomó la decisión de dejar de beber. Fue lo suficientemente inteligente para no decirme qué debía hacer, e increíblemente amoroso para permitirme cometer los errores que necesitaba para que yo mismo pudiera aprender. Faltarían todavía muchos años y mucho sufrimiento para que me diera cuenta de que yo también tenía un problema con el alcohol y con mi vida en general.

Me quejaba más de lo que trabajaba, tenía mucho más interés en buscar culpables y justificaciones para mis pobres resultados que ganas de ser mejor y demostrar mi talento, así que naturalmente me empezó a ir mal en el trabajo. En ese momento apareció en mi vida Alejandra Azcárate, a quien conocí en una feria de Cali. Y de inmediato hicimos clic, teníamos un sentido del humor parecido, hablamos por horas como esas personas que desde el primer día parece que se conocieran de siempre. Algunos meses más tarde sonó el teléfono y era ella, me contó que la acababan de nombrar directora de *La hora del regreso*, un programa de radio en La W. "Estoy buscando una voz de hombre que trabaje conmigo, quiero una voz desconocida. Y no me preguntes por qué, pero pensé en vos", me dijo.

Llegó en el momento justo, porque me acababan de sacar de la empresa. Aunque siempre dije que renuncié, me echaron por mediocre. Me fui a trabajar en dos programas de radio, porque Alberto Marchena, director de la emisora Los 40 principales, me ofreció también un lugar en el programa de las mañanas que se llamaba *La cama de los 40 principales*. Hacía radio mañana y tarde, y mi universo profesional dio un vuelco. Empecé a foguearme en la capacidad de exponerme, de relacionarme con la gente desde la comunicación. Es como si la vida me hubiera metido en un entrenamiento para lo que vendría después, pero en ese entonces me pagaban por hablar, sin importar si lo que decía valía la pena o no, si tenía sentido o contribuía en algo al bienestar mío o de alguien más.

Visto en perspectiva, todo cobra sentido, pues la vida tiene su propia manera de mostrarnos el camino. Aunque estoy convencido de que para poder reconocerlo es fundamental haber estado perdido.

El ambiente de los medios terminó de inflarme el ego, y el personaje, mitad arrogante y mitad lastimero en el que me había convertido, se apoderó de mí por completo. Me volví un joven aparentemente exitoso y engreído. Me la pasaba en conciertos, cocteles y fiestas. Para entonces pensaba que yo podía vivir en mis propios términos y que no tenía que rendirle cuentas a nadie, pero cada vez más me fallaba más a mí mismo. Les di la espalda a mis amigos y los reemplacé por personas que me servían para sentirme importante. Me olvidé de todo y me paré al borde de un abismo que no podía ver... Pero como dicen por ahí, una cosa es llamar al diablo y otra muy distinta verlo llegar.

Abrir los ojos

Un año y medio después a Alejandra le quitaron la dirección del programa, así que perdí la mitad de mi trabajo y me quedé haciendo solo radio juvenil de 6 a 10 de la mañana. Tenía una hoja de vida compleja de explicar y seguía sin graduarme de la universidad. Pasé de ser *cool* a ser un desempleado desubicado, un perfil muy difícil de contratar para cualquiera con dos dedos de frente. De repente, me vi sin un plan. No tenía profesión, ni vocación y, a mis ojos, tampoco talento. Además, por esa época había terminado con mi novia de entonces, llevaba seis años trabajando sin parar y por primera vez me encontré sin poder pagar el arriendo. Nunca había ahorrado un solo peso. Todo lo que había ganado hasta entonces, que no era poco para un tipo de mi edad, se fue en aparentar lo que no era y tratar de encajar en un mundo de amistades tan superfluas y banales como yo. Entonces un amigo de esos con los que el destino te manda razones me recomendó un taller para ver si podía ayudarme a reconducir mi vida; bueno, más que a reconducirla diría que a derrumbarla para poder volver a comenzar de nuevo. Otro amigo me prestó 700 000 pesos para pagar el arriendo que debía. El taller costaba prácticamente lo mismo, pero decidí usar la plata para asistir al taller; el arriendo me daba igual, pues para ese momento lo único que quería era morirme, aunque al mismo tiempo tenía claro que esa no era una opción.

Sin saberlo, el taller se convirtió en una puerta que aún sigue abierta. Fue morir lo que había sido y nacer lo que por primera vez reconocí que podría ser. Es allí donde en realidad comenzó esta historia. Cuando llegué al taller, quise irme a los cinco minutos, pero luego todo lo que escuché empezó a tener sentido para mí. La vida comenzó a tener sentido, mi sufrimiento dejó de ser estéril y entonces ya no pude volver a ser el mismo. Por más intentos que hizo el personaje que había construido hasta entonces por volver, algo se había roto y ya no se podía reparar. Perdí la capacidad que tenía de engañarme a mí mismo.

La primera sacudida llegó con el desayuno. Nos invitaron a hacer una reflexión con los alimentos, a pensar en el esfuerzo que hay detrás de un plato de comida. Hasta ese momento yo no comía verduras, era un malcriado, y me habían servido un huevo metido en un tomate, sobre una cama de lechugas. Nos invitaron a pensar en los colores y las texturas. En ese momento tenía el ego totalmente derrotado, maltrecho y había llegado por fin con la cabeza agachada. De entrada, dije: "Soy un malagradecido". Pensé en mi bulimia, en todo lo que desperdicié y el desprecio que sentí hacia la vida en general. Creo que fue la primera vez que comí lechuga en toda mi existencia; me comí todo lo que había en el plato, inmerso en un estado de gratitud que desconocía hasta entonces. Para mis adentros, le pedí perdón al mundo por vomitar tanto esfuerzo, tanto trabajo y todo lo que la vida me había entregado. Salí con una sensación de sosiego, de entender lo que buscaba con cada cigarrillo, de saber por qué comía tratando de llenar algo que no tenía fondo, por qué luego vomitaba y me culpaba por no merecer nada. Salí de allá en un estado de contemplación difícil de explicar, convencido de que había naturalizado una forma totalmente distorsionada de lo que era el amor. Llamé a mi exnovia para pedirle perdón por el hombre que había sido y para decirle que lo único que quería era que fuera feliz, así no fuera conmigo. Le agradecí y creo que por primera vez sentí que la amaba de verdad, con un amor que no tenía nada que ver con estar juntos ni con que fuera mía. Empecé a vislumbrar otra manera de vivir.

Me gusta pensar en ese momento —tenía 24 años cumplidos— como el verdadero comienzo de mi vida. Sin embargo, estaba lejos aún de entender que, para poder sostener esa manera de vivir y ese estado de conexión, se necesita disciplina, compromiso y trabajo. La vida se encargaría de mostrármelo, años más tarde, de la forma que yo mismo pedí, es decir a los golpes…

Desde entonces han pasado 18 años en los que he aprendido a entender que pasé casi la mitad de mi vida construyendo a un tipo que no era. Han sido 18 años de ir derrumbando poco a poco a ese que fui. Hoy tengo clarísimo que ese Santiago es el único responsable de todo el sufrimiento, de todo eso que hoy en día persiste, y aunque siento que cada vez es menor esa sensación, de vez en cuando aparece para reclamar una existencia que por tantos años le perteneció.

Ahora vivo un día a la vez e intento dar cada paso con más conciencia. Me hago cargo de mi propia historia, tirando cada piedra del muro que construí para no verme ni saberme parte del mundo. Acá sigo tratando de entender que este planeta es un colegio y que nunca es tarde para intentar convertirme en un buen alumno.

Eso que llamamos yo

Cuando hablamos de lo que nos trajo hasta aquí, entendemos por qué, de alguna manera, el ser humano es el resultado de su historia. Y más que de su historia, de la interpretación que ha hecho de la misma. **EL RESULTADO DE ESA INTERPRETACIÓN ES ESO QUE LLAMAMOS YO O EGO.** El ego, básicamente, es la idea que cada persona tiene de sí misma. Es la idea que construimos de nosotros, y no es más que la respuesta adaptativa a lo que interpretamos como amenazas o carencias cuando éramos niños. Ahora es bastante común que esta idea que tenemos de nosotros nos haga vernos como víctimas de nuestra realidad. Somos ciegos a nuestro comportamiento o conducta, que es la que determina los resultados de la vida que tenemos. Esta ceguera sistémica e instalada nos hace pensar que lo que no funciona es la vida y nos lleva a reaccionar a todo lo que pasa afuera de nosotros, sin comprender nunca que el problema que vemos en el mundo no es más que el reflejo de aquello que no funciona en nuestro interior. Es como un velo que distorsiona todo lo observado y nos lleva cómoda e ignorantemente a concluir que lo que esta sucio es el mundo y no los lentes con los que lo miramos.

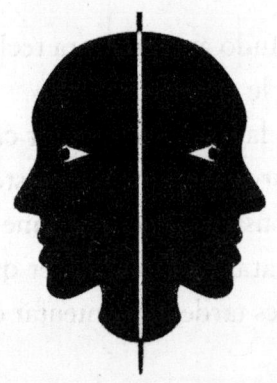

ESO QUÉ LLAMAMOS YO

Es necesario entender que esta conducta no es biológica, lapidaria ni inmodificable, sino, por el contrario, absolutamente moldeable, líquida y con todas las posibilidades de evolución para quien comprende cómo se alimenta e instrumentaliza la realidad para reafirmarse (en palabras de Jung: "Para aquel que hace consciente el inconsciente"). Esto permite conectar dos puntas de un mismo hilo, los resultados de mi vida con mi forma de vivir, al reconocerme como responsable de todo lo que sucede y comprender que la realidad que vivo es el resultado de lo que deseo, permito o creo, aunque una enorme parte de lo que deseamos, permitimos y creamos se genere en nuestro inconsciente.

Asumir que lo único que puedo modificar de la realidad es la forma como la enfrento o como reacciono a ella es el inicio del camino para quien está listo para despertar. Cuando digo que EN NUESTRA HISTORIA ESTÁ LA CLAVE DEL DESPERTAR, me refiero a que es necesario desarrollar la capacidad de vernos *desidentificados* con nosotros mismos, es decir, como si viéramos la vida de un perfecto desconocido de la cual hemos sido testigos más que protagonistas. Ver nuestra historia como si no tuviéramos nada que ver con ella nos permite darnos cuenta de una verdad tanto absoluta como molesta para muchos: el único problema que existe en mi vida se llama *yo*. Esta es la parte molesta. Ahora bien: si logro enfrentar esa incomodidad, podré vislumbrar la maravilla asociada a esta realización: si el único problema que existe se llama Yo, entonces ese problema fue creado por mí, y si fui yo quien lo creé, el problema no solo tiene solución, sino que esta depende única y exclusivamente de mí. Ahí es donde comienza el camino, donde nace el caminante y se puede vislumbrar la posibilidad de transformar nuestro destino. Entre más vínculos tenemos con alguien o algo, somos menos capaces de ser objetivos. Entre más nos identificamos con alguna postura, argumento o creencia, mayor será nuestro sesgo y nuestra ceguera. La mente se cierra, se exacerba el sentir y se pierde el análisis y la capacidad de razonar. Nuestros sentimientos se originan en nuestro sistema de creencias: entre más firme es nuestra convicción de algo, más elevado es el sentimiento asociado a lo que nuestra mente proclama y defiende. Esto es lo que encontramos en los nacionalismos, el fanatismo religioso o político, o cualquier tipo de radicalismo. Estos *ismos* indican una limitación mental absoluta que nubla el análisis y la comprensión; ahí donde hay pasión estará siempre ausente el análisis y la compresión.

Entre más absoluta es mi idea de lo bueno o lo malo, lo justo o lo injusto, lo correcto o lo incorrecto, más visceral será mi reacción. Entonces no podré ver la realidad, pues solo valdrán mis argumentos y mi sentir para confirmar la idea de que tengo la razón. Y tal vez con lo que más me identifico es con mi propia historia y por lo tanto también con mi propia ceguera. Mientras esa ceguera siga gobernando mi vida, será imposible que yo pueda actuar sobre mí, porque seguiré convencido de que el problema no soy yo, sino aquello que sucede fuera de mí y que, casualmente, no está bajo mi control. Este mecanismo reafirma la idea de que somos inocentes de lo que nos ocurre a partir de las decisiones que tomamos; el problema es que difícilmente comprendemos que el precio de nuestra supuesta inocencia es la impotencia para cambiar nuestra vida. Al fin y al cabo, una víctima es eso: alguien que no puede hacerse cargo de los resultados de su vida.

Entonces ¿qué podríamos hacer al respecto? Tal vez comenzar por vernos con curiosidad para entender el porqué de lo que le ha pasado a este personaje que llamamos yo, desterrando por completo de nuestra mente la posibilidad de la casualidad y aferrándonos a la necesidad imperiosa de encontrarla.

Esta neutralidad a la que me refiero genera un espacio para la claridad y el aprendizaje, en el que se hace posible trasmutar la ignorancia del que cree que sabe por la sabiduría del que sabe hacer; en este espacio se experimenta una especie de ausencia de sentimientos, de creencias, donde si bien todo está vacío, la sensación es de saciedad y libertad. Es a esa ausencia a lo que yo llamo paz, y es ahí donde emerge la comprensión y la claridad.

Es interesante ver que la mayoría de nosotros pensamos que ser neutro es ser frío; sin embargo, la neutralidad es el único espacio en donde existe el amor. Equivocadamente creemos que el amor es un sentimiento que nos hace humanos y que es agradable y placentero, cuando en realidad es mucho más que eso. Es difícil reconocer que un enorme porcentaje de los problemas de nuestra vida se originan en nuestros sentimientos, no porque los sentimientos estén mal *per se*, sino porque no son verdades. Los sentimientos simplemente nos muestran lo que nos habita y en ese orden de ideas los podemos ver como herramientas para identificar la información que habita nuestra mente, es decir, que sirven para llegar a conocernos.

Entre más ignorantes acerca de nosotros mismos somos, más exacerbado será nuestro sentir y más irracional nuestra conducta. En nombre de los sentimientos luchamos, agredimos, controlamos, juzgamos, sometemos, denigramos, limitamos, prohibimos y nos deprimimos, nos desbordamos, nos enfermamos y acabamos con todo lo que en teoría deberíamos aprender a cuidar. ¿Acaso no te habías dado cuenta de que la mayoría de las personas creen sufrir por amor? ¿Acaso no te habías dado cuenta de que las personas que dices que más amas es con quienes más conflictos tienes? Qué idea tan bizarra la que el EGO tiene del amor.

Así pues, esa sobredimensión del sentir nos quita objetividad, y sin objetividad no hay comprensión, y sin comprensión no es viable la convivencia armónica y aprender se vuelve una tarea imposible.

Si pudieras ver tu vida sin el filtro distorsionado de tus sentimientos, sin la niebla densa del drama y la victimización, te sorprendería lo mucho que podrías llegar a aprender acerca de ti mismo.

El observador de mí mismo

La práctica es la de observar a quien hemos creído ser como si se tratara de alguien que no tiene nada que ver con nosotros, a ese extraño de quien lo sabemos todo, pero sin llegar a sostener ningún tipo de vínculo con él que nos genere simpatía o rechazo, que no nos invite ni a la severidad ni a la indulgencia. Es ser observadores desprevenidos, impasibles y serenos, con un único interés que es el de entender por qué actúa como actúa, y qué resultados le ha generado su conducta en la vida. A esta práctica la podríamos llamar: ser conscientes: no querer arreglar, solucionar, calificar o confirmar nada, sino solo comprender el por qué y el para qué de todo. Anthony de Mello, en su libro *Despierta*, dice que no es necesario cambiar las cosas, lo que es necesario es comprenderlas, pues si se comprenden, ellas cambian. De eso se trata la autoobservación.

Los resultados de nuestra vida son una consecuencia lógica de nuestra forma de interpretar el mundo. Es muy poca la energía y el tiempo que dedicamos a observar, pues la mayoría padecemos de la compulsión por arreglar problemas que no comprendemos. Vivimos demasiado entretenidos con todo lo que pasa afuera, reafirmando la idea de que lo que está mal es el mundo y no nuestra cabeza. Vivimos juzgando, señalando, condenando, corrigiendo, opinando, y podríamos decir que es así que se devela lo que llevamos dentro. Puedo afirmar categóricamente que no vemos la vida como es, sino que la vemos como somos, y eso que somos es transparente a nuestros ojos. Al final, lo único que necesitamos es confirmar el sesgo que cada uno tiene con respecto a sí mismo.

En ese orden de ideas, podemos afirmar que TODOS SOMOS FANÁTICOS DE NUESTRA FORMA DE VER LA VIDA, la consideramos verdadera, justa y, por demás, correcta. SOMOS CIEGOS GUIANDO CIEGOS, CIEGOS QUE CREEN VER Y QUE ADEMÁS ASEGURAN QUE LOS CIEGOS SON LOS DEMÁS. El pecado ajeno es nuestra zona de confort y no hay postura más cómoda que la de sentirnos inocentes. Preferimos ser inocentes que responsables, y para ser inocentes necesitamos que los demás sean impíos, corruptos y malhechores, para poder compararnos con ellos y atribuirles nuestro malestar, nuestro malvivir y el sufrimiento de nuestra vida. Para sabernos buenos, necesitamos malos, y llamamos malo a todo aquel que no se comporta acorde con nuestras expectativas y deseos. Malo es todo aquel que no hace lo que queremos y no se ciñe a lo que creemos, así que la acción ajena es el bálsamo del ignorante que prefiere cualquier distracción, cualquier embeleco, cualquier cosa, antes que reconocer las conductas propias que a diario refuerzan todo lo que no funciona en el colectivo del cual hacemos parte: cómo conducimos, cómo tratamos a otras personas, cómo hablamos con los demás, nuestros pequeños pero "inocentes y siempre bien intencionados" actos de corrupción.

Considero importante en general, e incluso para muchos urgente, entender que tenemos cosas que atender para contribuir a ese bienestar que creemos merecer. Cuando hablamos de autoobservación, la entendemos como la capacidad para comprender lo que nos corresponde y por qué, y, sobre todo, de qué debemos hacernos responsables.

Una enorme mayoría de personas parecemos más interesadas en defender la forma en la que vivimos que en darnos la oportunidad de revisarla y reconocernos como protagonistas de todo eso que no funciona en el mundo. La inmensa mayoría alimentamos de una forma u otra el odio, la división, la contaminación ambiental, el racismo, el clasismo, la segregación y la agresión como medio legítimo para defender ideales. La gran mayoría hemos contribuido a hacer de este planeta un campo de batalla, en vez de un hogar en el que haya espacio para todos. Reconocer que el problema real del mundo soy yo es imperativo, en especial porque ese es el único problema sobre el cual tengo el poder absoluto para actuar y eventualmente solucionarlo. Pensamos que tenemos derecho a un mundo mejor, pero no estamos dispuestos a convertirnos en eso que con tanto empeño demandamos.

Esto de que "todo el mundo tiene derecho a opinar" es algo cuestionable. Vivimos más pendientes de clamar por el derecho a opinar que por ejercer el deber de respetar. Si empezáramos por mirarnos a nosotros desde la mencionada postura de observadores, las hijas de Santiago no serían mis hijas sino las de un Santiago que no soy yo; y así podría ver con objetividad qué clase de papá es ese que observo, qué dicen sus resultados. Podría incluso llegar a preguntarme cómo se puede sentir la hija de ese hombre. Si empiezo a desprenderme de ese vínculo voy a ver una cantidad de cosas que no tengo en la mira por estar siempre identificado con el personaje. Empezaría a decir: "Este *tipo* todos los días se monta en el carro y todos los días llega histérico a donde sea que vaya. Y si este señor espera que para estar contento es necesario que todo el mundo conduzca bien, use bien el carril izquierdo, aprenda a usar las señales, va a vivir infeliz toda su vida. Ese tipo está condenando a ser miserable para siempre". Lo puedo ver desde afuera, porque si me quedo metido en el carro, efectivamente voy a confirmar uno a uno mis sesgos. Me puedo dar la razón. Pero cuando me doy cuenta desde afuera que hay un sinfín de cosas que no están en mi control, cuando puedo ver que mis hijas me ven rezongar todos los días de la vida —con una energía sombría y pesada—, mientras escribo proclamas sobre amor propio, tal vez pueda concluir categóricamente que lo que me urge no es cambiar el tráfico, sino mi forma de vivir la vida.

Puede parecer que llegar a esta conclusión tiene un trasfondo trascendental de aparente iluminación, y aunque todas las religiones hablan de lo mismo —tanto el cristianismo como el budismo, el islam y el judaísmo recogen esta postura—, se trata, en realidad, de un abordaje mucho más pragmático que místico.

Dado que según nuestro ego lo que no funciona está afuera de nosotros, enarbolamos la idea de que para vivir bien es necesario transformar un mundo que se nos presenta ruin, trunco y desatinado, y en consecuencia abrazamos la idea de la lucha como camino y desconocemos que todos los conflictos de la humanidad están afincados en causas que el ego considera justas, nobles y necesarias.

Así también hemos alimentado una idea totalmente distorsionada del amor, según la cual creemos que si amamos a alguien tenemos el derecho de imponerle nuestra forma de ver la vida, con el argumento manipulador y tramposo de que lo hacemos por su propio bien. Nunca entendemos que hemos creado este concepto del amor para defender la idea que tenemos de nosotros mismos y para considerar justo que el otro se doblegue ante ella.

El error es una gran herramienta de aprendizaje, pero el problema es que erramos y no nos hacemos cargo. Si, por ejemplo, analizamos cualquier diferencia en una relación de pareja, las personas suelen tener certeza absoluta sobre lo que hace mal el otro. Cada quien tiene clarísimo lo que el otro "me hizo" y, más aún, lo que debería haber hecho para que todo funcionara bien. Ahora, si el error no es mío, pues yo no tengo nada que aprender.

Aprender solo es posible a través de lo que se llama la "saturación", es decir, solo aprendemos cuando hemos verificado por completo la inutilidad de la información que gobierna nuestra mente y nuestra conducta a través de los resultados insatisfactorios de nuestra vida. Pero es imposible saturarme cuando pienso que no estoy equivocándome. Por eso muchos cambian sistemáticamente de pareja, de trabajo, de casa, de carro o de juguetes, evidenciando la convicción de que lo que no funciona tiene que ver con la suerte, los caprichos divinos o un destino trazado por un Dios al que pareciera que no le agradamos. Y si bien podemos cambiar el entorno cuantas veces queramos, con todo lo que eso implica, lo cierto es que, si no aprendemos de la realidad que la vida nos pone al frente, al huir de ella los problemas inexorablemente se irán con nosotros para recordarnos el trabajo que dejamos pendiente y que no quisimos enfrentar ni asumir. Por eso muchos seguimos cometiendo los mismos errores, evidenciando nuestra incapacidad para aprender de ellos. Cuando un error cumple su función pedagógica en nuestra vida, entonces no es necesario volver a cometerlo. Podríamos decir que la vida nunca repite una lección que ya fue aprendida.

Información en nuestra mente = Conducta = Resultados de nuestra vida

Mientras no veamos la conexión entre conducta y resultado, será imposible cualquier tipo de cambio en nuestra vida. Seguiremos luchando, haciéndole resistencia a la realidad y pagando el precio de nuestra ignorancia con frustración e impotencia.

Cuando la solución tiene que ver con dejar de ser yo

Ser yo no es solo lo que conozco sino también mi zona de confort. El gran problema que tenemos los seres humanos es que queremos ver resultados, pero no estamos dispuestos a pagar el precio. Queremos una nueva vida, pero siendo los que siempre hemos sido, sin reconocer que lo único que nos aleja de la vida que anhelamos es precisamente eso que llamamos yo.

Ese "yo" se alimenta de mis "quiero" y mis "creo". Mis "quiero" son todo eso que le demando al mundo para poder estar bien: quiero una pareja, quiero un trabajo mejor, quiero más dinero, quiero que mi mamá sea más amorosa, quiero que mi papá se estrese menos, quiero que mi equipo gane la copa, quiero que el mundo funcione como "yo quiero". Mis "creo" son todo aquello que reitera y muestra mi idea sesgada de cómo pienso que debería ser la realidad. Si el deseo dejara de impulsar nuestra vida, si la ambición no fuera lo único que nos llevara a actuar, entonces ese anhelo tendría que reemplazarse por estar presente, por estar anclado en lo único que existe, que es "la realidad". Nos enseñaron que estar inconformes y vacíos es una forma legítima y necesaria de vivir. Es un motor, pero es el motor del ignorante, es el combustible del ego, por eso es que defiende con tanto ahínco su forma de luchar. La lucha es en realidad simplemente un mecanismo de evasión: por un lado, ese deseo constante que con nada se llena y, por el otro, la ignorancia de pensar que mi forma de ser es correcta o es mejor que la de los demás, y que el que no piensa como yo es un enemigo o alguna clase de subnormal o desfavorecido mental.

Al tomar conciencia de la propia ignorancia, empezamos a invertir energía en la transformación de nosotros mismos, a neutralizar los efectos que la realidad tiene sobre nosotros. El que necesita estar emputado con la vida siempre va a encontrar motivos, así como el que elige ser feliz también los encontrará, a raudales. Ahí es donde toma relevancia el lente a través del cual miramos el mundo.

Es revelador reconocer que somos marionetas. Cuando vemos eso, empieza a ser claro qué aspectos de nuestra conducta son los que necesitamos cambiar, porque consumen nuestra energía vital. Imagina que tienes una batería de la que depende tu vida. Hay ciertos hábitos que seguimos que nos generan bienestar, que nos proporcionan balance, tranquilidad, que nos recargan. Y hay otros que, por el contrario, nos desgastan, nos enferman y nos desestabilizan. Debemos aprender a ser más dueños de nosotros mismos, pues al serlo, dejamos de ser un peso para el otro. En la medida en que dejamos de ser una carga, estamos haciendo lo único que podemos hacer por los demás: no ser un estorbo. Al hacerme dueño de mí, renuncio a la idea de que el otro tiene alguna obligación conmigo y que le corresponde hacerse cargo de mis carencias.

Tenemos el deber de dejar de ser un peso para este planeta, pero ese es un deber que nadie quiere ejercer, porque vivimos mucho más interesados en inventarnos derechos sobre los otros, y vivir castigándolos o exigiéndoles que los cumplan.

Dios y el amor

Una de las trampas más complejas que tiene el ego es hacernos generar un aparente interés en lo trascendental, sin haber comprendido lo mundano. De alguna manera, si nosotros ponemos nuestra atención allá, descuidamos el camino que nos lleva a ese lugar. Lo que nos conecta de verdad con eso más grande que nosotros es la posibilidad de estar totalmente presentes en la experiencia de la realidad. Cómo pretender que un niño entienda física cuántica sin haber aprendido a sumar. Como dije antes, es lo que ocurre con los cultos: entre más fanática de algo es la gente, más negligente es con su realidad, y usa su fanatismo como una forma de legitimar el caos que tiene en lo cotidiano. Hemos creado una idea de Dios muy acomodada a nuestra propia ignorancia. Hemos creado un Dios a imagen y semejanza nuestra.

La idea de Dios, generalmente desde la mirada occidental, tiene mucho que ver con un Dios castigador, sectario y susceptible, un Dios que premia al que hace lo que él quiere, y se ofende, desecha y oprime a quien se le resiste. Un Dios tirano que, desde allá arriba, nos chequea cada minuto y que, si no hacemos lo que Él quiere, se emputa. Qué arrogantes somos los seres humanos al pensar que eso que creó el universo pueda ser movido por la misma ignorancia que nos gobierna. Pensar que Dios piensa como "yo" da para todo, porque terminamos creando una idea acomodada de lo divino, que sirve para legitimar nuestra forma de vivir. Siempre será más cómodo agachar la cabeza en una iglesia que ante otro ser humano, especialmente ante uno que no hace lo que yo quiero. Es mucho más fácil pretender ser humilde ante una imagen de barro, que tener la humildad para aceptar y respetar a los demás. Es más fácil creer que la casa de Dios queda en Roma o en la Meca, que Dios segmenta geográficamente quién va al cielo, que si un niño nace en Tailandia entonces es una pobre criatura condenada. Esa fantasía acomodada ha sido muy dañina para la humanidad, pues nos ha hecho confundir el camino con el destino y nos ha privado de reconocer eso que tanto buscamos en donde realmente vive, que es en todo y en todos. Así como bellamente dice el Corán: "Nada es, solo él es". A fin de cuentas, las religiones son caminos propuestos que apuntan hacia el mismo lugar. Si somos capaces de llegar a la comprensión de cualquiera de los libros sagrados, nos damos cuenta de que todos los credos hablan de lo mismo, y que si recorriéramos el camino al que cada uno invita, al final todos nos encontraríamos en el mismo lugar: judíos, católicos, cristianos, musulmanes, budistas, etc.

Nos hemos preocupado más por distraernos viendo cómo recorren el camino los otros, argumentando qué camino es más válido, que realmente aplicando lo que predicamos. Si soy hijo de Dios, entonces el otro también lo es. Si soy hijo de Dios, entonces comparto su naturaleza. Es entender que somos una experiencia divina que se manifiesta en un cuerpo humano. No hay que ser demasiado inteligentes para comprender que el templo de Dios es esto que somos. Si está aquí, este es el lugar para honrarlo, conocerlo, cuidarlo y respetarlo.

Sin embargo, es mucho más fácil ir a misa cada semana durante media hora y sentirme buena persona —y seguir tratándome a mí y tratar a los demás con negligencia—, que reconocer el engaño que alimento al no agradecer y honrar mi vida, y ser incapaz de salir de la pobreza espiritual que evidencian nuestros resultados.

Si fuéramos más sinceros, sabríamos que como nos alimentamos, como nos cuidamos, como descansamos, como nos hablamos, como pensamos, qué compartimos, todo termina relacionado con lo espiritual. Lo espiritual se nos plantea como algo desligado de la realidad, algo que tenemos que salir a buscar para encontrarlo, cuando, en mi opinión, la espiritualidad tiene que ver con darnos cuenta de realmente qué subyace en todo. Si viviéramos de cara a esta premisa, nuestra salud sería diferente, nuestras relaciones serían diferentes. Esa concepción más práctica nos llevaría a reconocer a Dios en nosotros y en los demás, y esa realización convertiría nuestra forma de vivir en nuestra práctica espiritual y nuestro día a día en el altar para honrar a ese Dios del que tanto hablamos.

El principal efecto que genera el ego es la desconexión de nosotros con la totalidad. Esa idea básicamente es "una ilusión de separación", porque no es real. La física cuántica lo explica en cuanto que, si el universo está hecho de energía y la energía ni se crea ni se destruye, sino que solo se transforma, entonces nosotros hacemos parte de todo y somos una manifestación de esa energía. Esta ilusión es la que se instala en nosotros, el vacío que nos habita, esa sensación de no pertenecer. La sensación de no pertenecer es la que tratamos de mitigar a través de "poseer cosas" para que sean mías. Una pareja, unos hijos, una casa, un proyecto, un sentido, todo tratando de crear un mundo del cual yo sea el dueño y pueda sentir mío. Pero eso no es más que miedo, apego y necesidad. Un miedo al que, a menudo y equivocadamente, terminamos llamando amor, pues cualquier cosa que se ama de verdad se permite "ser". Hemos creado la idea del amor como un derecho sobre el otro y como un legitimador de nuestros miedos y necesidad de control, entonces ahí es donde se une la necesidad de Dios y del amor. Mientras pensemos que Dios vive en las nubes y que el amor es una herramienta que nos genera derecho sobre el otro para imponerle lo que creemos que debería ser, reinará el vacío en nuestra vida. Los resultados serán diametralmente opuestos a lo que aspiramos y creemos profesar. "Como tengo miedo de estar solo, entonces tú me perteneces"; "tienes que estar conmigo"; "tienes que hacer lo que yo quiera"; "tienes que portarte como quiero, porque te amo y sé lo que es mejor para ti, y tengo derecho a imponerlo, así como a ofenderme y a sufrir si no te ciñes a mis fantasías". Nos enseñaron que el amor se mide con sufrimiento: "Si te amo, entonces sufro por ti. Si no sufro es porque no te amo lo suficiente".

Qué cantidad de creencias retorcidas hemos naturalizado y enaltecido, como si se tratara de verdades supremas. ¿Cuáles son los dos principios rectores de la conducta del ser humano? ¿A qué argumentos apelamos siempre para legitimar nuestro actuar? La respuesta es fácil: a Dios y al amor, ambos absolutamente distorsionados y caprichosamente deformados, para poder seguir ejerciendo el nocivo vicio de ser como somos.

Lo que pasa con Dios también lo hacemos con el demonio, al que hemos representado flamante y ostentando temerario su tridente, rodeado por las llamas del infierno. El demonio es todo lo que no somos, es la oscuridad que oculta nuestra esencia y por eso en muchas tradiciones el demonio es el ego, aquel que nos aleja de Dios. "Dime a quién amas y te diré quién es tu amo". El amo de nuestra vida ha sido siempre nuestro yo, lo que quiero y lo que creo. Entonces al estar al servicio del ego terminamos sirviendo a un amo a quien entre más le damos, más nos quita, pues cada vez que el ego obtiene lo que quiere, de inmediato comienza a querer otra cosa. Al ego no le sirve encontrar, lo que necesita es mantenernos en la búsqueda.

La adicción nunca se va a romper mientras no la veamos y mientras tengamos a quién a atribuirle lo que no funciona: "Dios así lo quiso", "La vida es así" y demás frases que todos hemos escuchado o dicho. Mientras sigamos creyendo eso, seguiremos durmiendo el sueño profundo de los ignorantes. Despertar es reconocer que la vida es un reflejo de lo que somos, por eso no es igual para todas las personas, aunque esto solo pueda ser comprendido desde la saturación, es decir cuando llegamos al límite, al punto donde sentimos que ya no es posible sufrir más. La saturación permite que la mente pueda ser consciente de su ignorancia. A través del sufrimiento podemos reconocer la inutilidad de nuestras creencias y la trampa oculta detrás de nuestros deseos, lo cual es lo que nos lleva a agachar la cabeza del ego y ver posible su derrota; es ahí donde puede aparecer la humildad para reconocer que no sabemos, y es entonces que la mente empieza a abrirse para poder incorporar nueva información.

En este punto se da, por primera vez, una fractura del ego, que antes era una entidad tan sólida y obstinada. A través de esa fisura empieza a permearse algo. Se intuye la posibilidad de vivir de otra manera y por fin nos damos cuenta de que nuestra conducta necesita ser modificada para poder obtener unos resultados diferentes. Esos resultados tienen que ver con:

+ Aquello que pensamos
+ Aquello que sentimos
+ La forma como actuamos
+ Lo que pasa en nuestro cuerpo
+ Nuestros niveles de energía
+ Nuestras relaciones con los demás
+ Nuestra capacidad de adaptarnos al entorno

Es como un medidor que me permite identificar cuándo estoy saliéndome de un punto de equilibrio y cuándo me ubico en un lugar desde el que puedo fluir con la vida. Esa parte es la que se empieza a vislumbrar cuando se llega a eso que varios pensadores y filósofos han bautizado como "la noche oscura del alma", que no es más que verse derrotado y reconocer lo inútil de la lucha. Si hasta ahora llevo toda la vida luchando, entonces o me gasto lo que me queda actuando de la misma forma o reconozco que este camino recorrido hasta aquí me llenó de vacío y que es necesario rectificar. La gente busca alivios, quiere que le quiten el síntoma y obtener resultados diferentes haciendo lo mismo. Por eso, de alguna manera, el mayor distractor del ego es la búsqueda de la espiritualidad, que curiosamente es un esfuerzo que nace del ego. La espiritualidad no se busca, paradójicamente aparece cuando se deja de buscar. Toda esa búsqueda por ser mejor persona es el ego cambiando de discurso para hacernos creer que estamos trabajando, cuando el trabajo precisamente tiene que ver con dejar de ser lo que hemos sido. No hay mejores personas que otras, hay distintos niveles de conciencia que generan diferentes correspondencias. Renunciar a todas esas ideas de bueno y malo, justo e injusto, nos llevará a darnos cuenta de una cosa y es que el Dios que estamos buscando está aquí y está en todo: se expresa en el otro, en los alimentos, en el aire que respiramos, en la lluvia, en el sol y en las estrellas, en la persona que nace y en la que muere, porque al final todo tiene como propósito la comprensión del amor como rector de los procesos pedagógicos del universo. La mayoría de las veces todas las búsquedas espirituales, incluyendo la lectura de este libro —al que llegaste precisamente buscando eso—, son solo distractores que no nos permiten ver lo que la vida nos está poniendo al frente, que es precisamente lo que necesitamos aprender.

ME HUBIERA GUSTADO MUCHO VER Y ENTENDER ESTO ANTES, PERO PARA MÍ FUE IMPOSIBLE, ESTABA MUY OCUPADO CAGÁNDOLA.

Al final es importante comprender que el proceso de cada persona es siempre necesario, correcto y pertinente. En lugar de estar distrayéndonos con lo que pudo haber sido, debemos identificar lo que la vida nos está mostrando y lo que nos permite hacer hoy de manera distinta; y si lo que me permite es vivir bien y valorarme hoy, y agradecer por mis pulmones porque están funcionando, entonces todos los paquetes de cigarrillos que me fumé fueron útiles y necesarios. No significa que para otros tengan que ser necesarios, cada uno aprende a su manera. Intentar estandarizar las formas en las que la gente aprende también es otra fantasía de la ignorancia del ego. Igual que en un colegio existen distintas materias, diferentes profesores y salones de clase, cada alumno vive su experiencia pedagógica de manera singular. Cuando empezamos a comprender todo esto, es más fácil incorporar actitudes que aligeran la vida. Entendemos que no somos tan importantes, que es posible aprender con liviandad, que algún día dejaremos esta vida y todo continuará. Entonces, lo importante es: ¿Qué vamos hacer el tiempo que dure el regalo de estar vivos?

Sin importar hacia dónde esté orientada la rigidez de la mente, entre más aferrados estemos a nuestras creencias, más ignorantes seremos, y por ende la capacidad de comprensión se verá limitada. El ignorante no aprende, porque cree que sabe —así sus resultados le muestren lo contrario—. Entre más cerrada es la mente, más difícil se hace la vida, más fricción se genera, más incapacidad de vivir en armonía y más sufrimiento. Es interesante, pero, entre más fanática es una persona de sus creencias, más justifica sus resultados a partir de los demás o de sus circunstancias de vida. El problema no es la creencia *per se*, sino la falta de verificación sobre lo que se cree. Con esto quiero aclarar que he observado que los procesos son totalmente individuales y hay gente a la que, por ejemplo, su creencia religiosa la ha llevado en caminos bellísimos de comprensión, descubrimiento, transformación, donde lo que se predica se hace práctica y aparece como resultado la sabiduría.

La clave está en darse la posibilidad de dialogar con la neutralidad de lo que nos sucede, porque al final es un espejo que tiene el propósito de que vayamos trascendiendo nuestra propia ignorancia. Si nosotros viéramos la vida de esa manera, prestaríamos mucha más atención a lo que nos irrita, lo que nos estresa, lo que rechazamos y de lo que huimos. No nos gusta cuestionarnos, porque preferimos la comodidad que nos brinda vivir desde la certeza —así sean certezas mediocres y acomodadas—. El convencimiento es cómodo, en cambio cuestionarse genera **INCOMODIDAD**.

Me pregunto qué pasaría si:

+ Reconozco que no sé y que de esta declaración de ignorancia emergiera una disposición para aprender;
+ Me animo a alimentar un interés hacia lo nuevo, a tener ganas de ensayar, probar, nuevas formas de hacer las cosas y enfrentar la vida, y

+ Me doy la oportunidad de reconocer mis errores y de preguntarme qué pasaría si en la misma situación actuara de manera diferente.

¿A cuántas personas les parece más incómodo reconocer un error y pedir perdón que tener un mal fin de semana con su pareja? ¿Cuántos prefieren tener la razón a tener un amigo? Cuando la mente se abre y hay menos rigidez en la vida, hay menos fricción —con esto me refiero a roces, conflicto, malestar—. Mientras más ligero eres, más curioso serás, porque aparece la capacidad de volver a ver la vida con asombro, con la inocencia de un niño, pero enriquecida con la experiencia de lo vivido con los años. Te vas alivianando, aprendiendo a fluir sin generar resistencia y el resultado es que hay más energía disponible y la frecuencia vibratoria se eleva. **ESTAMOS HECHOS DE ENERGÍA, Y POR ESO CUANTO MÁS ALIMENTAMOS EL EGO, MÁS FRICCIÓN GENERAMOS.** Hay pérdida energética y entre más baja sea tu frecuencia vibratoria menos capacidad tendrás de expresar tus virtudes. Te haces más rígido, más perezoso, más irritable, más competitivo, más vanidoso, más cobarde; cualquiera de esas formas te va a generar un mal-vivir, un mal-estar. Cuando hay más energía, hay más creatividad, más optimismo, más ganas y las cosas no son tan graves. Si al mesero se le olvidó tu cerveza, no pasa nada. Cuando hay sol vas a la playa y cuando llueve aprendes la maravilla de caminar bajo la lluvia, o te sientas a ver una película o a leer un libro o a practicar un juego de mesa, y todo está bien. La vida se hace fácil cuando entiendes que la dificultad está en la resistencia que le hace tu mente a la vida y no en la vida misma.

Aprender a mirarse a uno mismo es la herramienta más poderosa que conozco, porque la autoobservación permite darse cuenta y eso da la opción de optar por lo que garantice armonía y bienestar. Entonces, cuando nos observamos, estamos presentes, nos hacemos conscientes y la conciencia se hace una práctica —que no es nada distinto que aprender a vivir anclado al aquí y al ahora—.

Esta es una capacidad que he desarrollado con el tiempo, que no me inculcaron en la infancia ni enseñaron en el colegio, así que, por supuesto, me ha parecido muy difícil. Yo he sido reactivo, irritable, ansioso, y conocí esta información ya de adulto. La primera vez que tuve acceso a estos conceptos tenía 24 años y este proceso de ir poco a poco *"LIMPIANDO MI MENTE"* toma tiempo. Es un proceso de humanizarnos, de aprender a desactivar cada vez más el instinto para actuar con conciencia en lugar de reaccionar como animales. Lo que realmente nos hace humanos es que podamos reconocer esa parte animal que hay en nosotros, pero que al mismo tiempo seamos capaces de identificar que hay una estructura superior que la puede gobernar, y no al revés. Esto de ir apaciguando el instinto solo puede hacerse desde la comprensión.

La autobservación nos lleva a darnos cuenta de lo que necesitamos, que es diferente en cada uno, y eso es algo que es muy importante. No son fórmulas. Por ejemplo, en mi caso era urgente aprender a incorporar límites, prudencia y disciplina, pero hay personas que necesitan todo lo contrario, aprender a ser flexibles, a tomarse las cosas con calma y a gozarse más la vida. Vernos nos permite identificar lo que cada momento requiere de nosotros.

Lo mejor de todo es descubrir que no hay necesidad de llegar a ningún lado. En el fondo es más aterrizado decirnos: no hay afán, solamente necesitamos aprender y si hay asuntos que nos van a tomar más tiempo está bien. Entre menos interés tenemos por llegar, más atención pondremos a lo que estamos transitando. El presente se expande. Por eso a menudo la meta es un DISTRACTOR. Yo digo que los sueños son para los dormidos; los despiertos están ocupados construyendo su realidad.

Como comenté antes, a veces me digo que quisiera ser el mejor papá para mis hijas. Me imagino teniendo más tiempo para ellas, escuchándolas con atención, jugando, no siendo tan rígido, enseñándoles con paciencia. Cuando me miro a través de los ojos de mis hijas, veo lo lejos que estoy de ese que sueño ser. Incluso he llegado a decirme que no me gustaría tener un papá como yo. Puedo tener el objetivo de mejorar, pero ese solo es útil si lleva a que mi atención se ancle a mi presente y me permita actuar sobre mí y corregir lo que no funciona, porque el anhelo y la intención de ser ese "mejor papá" por sí mismos no sirven de nada. Es válido preguntarme qué puedo hacer hoy, qué puedo hacer distinto. Y si uno hace eso con todo, el trabajo es más eficiente. El punto es generar conciencia sobre uno mismo, más que sobre lo que pasa a nuestro alrededor. Como papás generalmente nos ocupamos más del comportamiento de los hijos: que si come, si obedece, si hace sus deberes. Volteamos muy poco el foco para darnos cuenta de que el mayor problema de nuestros hijos somos nosotros. Si consigo direccionar mi atención hacia mí, les podré ofrecer un papá distinto, y eso, sin duda, tendrá repercusión en nuestros hijos, a quienes nos corresponde acompañar en su proceso de aprendizaje. Si en vez de estar observando y corrigiendo las conductas de mi esposa, pienso en qué clase de pareja puedo llegar a convertirme para hacerle la vida mejor a ella y así ofrecerle lo que con tanto empeño le exijo. De eso se trata la célebre frase: "Sé el cambio que quieres ver en el mundo".

La trampa de la felicidad

Cuando me ponía a reflexionar acerca de mi propia historia, y aun reconociendo todo el malestar que me causé, sabía que, en el fondo, detrás de mis luchas y mis desaciertos, de mis vicios y mis incontables errores, lo que quería era vivir bien, sentirme bien, ser feliz.

En la medida en que empecé a fijarme con más atención, me di cuenta de que todos estamos buscando lo mismo. Que muchos se casan por lo mismo, los que quieren tener hijos o los que deciden que no los quieren; el que dedica su vida entera a una empresa y a escalar es porque cree que le va a servir para eso, o el que decide hacerse *hippie* porque quiere tener una vida liviana. Lo que quiero decir es que, sin importar el camino que elegimos transitar, todos tenemos la misma motivación. Sin embargo, si somos sinceros, muy poca gente vive realmente feliz.

Todo el mundo busca la felicidad, pero pareciera que es algo que a todas luces es inalcanzable, imposible. Se persiguen una quimera. Y es como si el fruto de esta búsqueda estéril, que es la insatisfacción y el vacío, se convirtiera en un motor para vivir.

¿QUÉ HACER ENTONCES ANTE SEMEJANTE PARADOJA? Una lógica

que parecería indicar que, si llegamos a encontrar lo que buscamos, no sabremos qué hacer con eso. El error está en naturalizar que no podemos romper esa lógica, en creer que ser humano es permanecer vacío, que es humana la incapacidad para realizarnos y vivir con plenitud, y atribuir esto a nuestra naturaleza justifica ese eterno malestar. Si atribuimos nuestro mal-vivir a nuestra naturaleza, estará siempre justificado que no hagamos nada para cambiar lo que nos amarga la vida.

Si ser humano es vivir vacío, inconforme y buscar algo que nunca vamos a alcanzar, pues bien, yo me rebelo ante esa idea y elijo creer que es una gran mentira que de tanto repetirla la hemos creído y la hemos convertido en verdad. Es urgente y necesario lograr desmontarla, porque si la vida es así, pues no tiene sentido hacer algo, pues nunca nada podrá cambiar.

Me he opuesto a esto, porque básicamente es una idea que sostiene que debemos aceptar la vida como una serie de mecanismos para anestesiar nuestro malestar, que vendría a ser algo así como la falla estructural que el ser humano tiene, por defecto. Es como si fuéramos seres condenados a estar vacíos y el chiste consiste en intentar subsanar eso de la manera que sea. Esto me parece una premisa mediocre, mentirosa, y en mi propia historia agoté muchos caminos de forma muy rápida. Le puse interrogantes a todo eso: la fiesta, el dinero, el sexo, los sueños, el trago y el éxito.

Mi postura consistió en querer salirme de ese juego, porque ya había verificado lo inútil de esa búsqueda. Y empezar a quitar velos. Desde mi experiencia comprobé que, si quitaba un velo, inmediatamente aparecía otro. La otra trampa que tenemos es que, al quitar un velo, el ego nos hace creer que lo que encontramos es la verdad. Y en realidad lo que estamos encontrando es otra capa de nuestra ignorancia. El trabajo personal consiste en ir descartando capa a capa, velo a velo, toda la basura que habita en la mente, aunque cada vez que quitemos una capa debajo haya otra, más sutil, más sofisticada, más difícil de detectar. Vamos cambiando de argumento, de recursos, el ego es cada vez más difícil de identificar. Es muy fácil creer que ya trascendimos algo y resulta que lo que aparece es una versión 2.0 de nosotros mismos, al punto de que llegamos a refinar tanto los discursos que lo que va apareciendo es cierto ego espiritual, que es el ego de quien cree no tenerlo y que se autoproclama maestro de los demás. Así, el camino del autoconocimiento termina siendo tan atractivo para el ego, porque a él le fascina hacernos creer que le gusta el trabajo espiritual.

Ese totazo inicial es doloroso en la medida en que es ver que esa fantasía que hemos creado de nosotros mismos no tiene nada que ver con la realidad. Es reconocernos como unos farsantes, unos tramposos. Eso que creíamos que éramos no es más que un artificio de la mente en función de todo lo que nos dijimos a nosotros mismos que nos había faltado; es la gestión que hicimos de esos vacíos. Cuando se da ese primer golpe, creemos que ya está resuelto. Y lo cierto es que ese farsante vuelve a reconstruirse, se reinventa y la única manera de no permitir que se instale está en ser capaces de mantener la desidentificación con el protagonista de la historia que vivimos permanentemente. Esto quiere decir que podamos desarrollar la capacidad de mirarnos como si estuviéramos afuera, como si no tuviéramos nada que ver con nosotros mismos, algo difícil de hacer porque nos criticamos desde nuestro propio sistema de creencias. Tenemos que ser capaces de salirnos y generar un punto neutro, y empezar a preguntarnos con curiosidad por qué pienso como pienso, por qué actúo como actúo. No desde el lugar de juez, sino del de generar un interés neutro por comprender.

Algo que he identificado como: EN LA POSTURA DEL PROTAGONISTA ESTÁ TODO EL PROBLEMA DE NUESTRA VIDA, porque cuando nos identificamos con lo que somos, todo lo que pasa en nuestra vida es personal. Entonces el que nos hace sufrir es el enemigo, la situación es injusta, etc. Hacemos universal nuestra ceguera. Volvemos universal nuestra forma de ver la vida y desde esa distorsión decidimos y hacemos lo que consideramos correcto.

Sabemos que las posturas son inevitables y además son necesarias para hacer nuestro proceso de aprendizaje y verificación. Cuando me refiero a verificación, quiero decir que es a través de los resultados que podemos identificar qué es lo que efectivamente nos permite estar en un punto armónico. Si no tuviéramos esta idea acerca de nosotros, este ego, básicamente no tendríamos nada contra lo cual chocar en la vida. Y el choque contra la vida, que es el origen del sufrimiento, es lo que nos permite reconocer dónde están los límites entre lo que es armónico y lo que no lo es. Y ahí es donde el sufrimiento desempeña ese papel tan importante, porque podríamos decir que es el que nos muestra cuando estamos por fuera del punto de armonía. Cada vez que sufrimos, el personaje se está estrellando contra su propia ignorancia, pero como el personaje está metido en él mismo, necesitamos ser capaces de ver ese fenómeno desde afuera, porque si observamos el sufrimiento desde la identificación con el personaje, lo único que vamos a hacer es buscar una justificación o tratar de resolver ese sufrimiento con la misma ignorancia con la que lo creamos, y nunca lograremos avanzar. Si llegamos a ese punto de comprensión y vemos que sufrimos por lo que tenemos en la cabeza, es como si pudiéramos generar un entendimiento diferente.

Al ego le encanta hacernos creer que estamos "trabajados" y tomando conciencia, pero el proceso evolutivo solamente se puede ver a través de los resultados de la vida, no a través del discurso. Porque es muy fácil decir: "Uy, todo lo que he aprendido". Pero entonces, ¿por qué seguimos sufriendo por lo mismo? Porque se siguen repitiendo los resultados. Nos sorprendemos cuando recibimos juicios por parte de los demás, pero no tenemos problema en juzgar a los otros a diario. Seguimos buscando en los demás la atención, el respeto, el cariño, queremos encontrar afuera todo lo que no nos hemos aprendido a dar. Es la misma trampa con un nuevo disfraz.

Si necesito resolver mi matrimonio, lo primero que necesito es dejar de verlo como mi matrimonio, porque mientras sea el mío lo voy a ver desde los ojos de mi dolor. Si estoy totalmente parcializado, será imposible solucionar algo. Pero si lo veo como dos personas que no tienen nada que ver conmigo, entonces empiezo a ampliar mi perspectiva. Entiendo que tengo un fenómeno por comprender. Así empiezo a interesarme cada vez más en los porqués.

Mi invitación es a salir de los lugares que nos victimizan y que se encargan de confirmar nuestros sesgos, porque ahí no aprendemos. Lo que logramos extraer, a través de esa otra mirada, es que podemos construir de un modo distinto. Si nos quedamos enlodados y aferrados a nuestro sufrimiento, y a nuestra razón, estamos garantizando el fracaso, pues no vamos a obtener un resultado diferente. Existe esta frase: "Todas las veces que quise escapar, no me sirvió de nada porque siempre escapé conmigo". La única forma de que realmente haya un cambio es que entendamos que lo único que necesita cambiarse tiene que ver con nuestra estructura mental, porque si lo que queremos es lograr resultados distintos siendo los mismos que hemos sido hasta este momento, de antemano te garantizo que jamás va a pasar. Seguimos pidiéndole al mundo que se adapte y se acomode a la idea que tenemos acerca de cómo deberían ser las cosas. Esto incluye cómo nos deberían tratar las personas, cómo se deberían comportar los demás, cómo debería ser el tráfico, el clima, el Amazonas, los niños del África, el gobierno del país, la empresa en la que trabajo, y así con absolutamente todo.

Toda esa complejidad, que suena tan entretenida, y la elucubración de la solución de todas esas cosas nos llevan al descuido de lo que nos corresponde a nosotros en esa historia, que es lo que genera nuestro comportamiento. Y ahí es donde deja de ser cómodo, porque cuando nos reconocemos como lo único que necesita cambiarse, se nos acaba el juego del culpable, de lo injusto, y tendremos que enfrentarnos a una realidad muy severa y es la de decir: DEBO HACERME CARGO DE MÍ MISMO.

Finalmente, para poder reconocer esto es importante saber que EN LA PROPIA HISTORIA ESTÁ LA CLAVE PARA DESPERTAR. Si yo necesito conocerme, la única manera de hacer es poner atención. Ya tengo unos resultados previos que me dan pistas, que es la vida que he vivido. Si yo quiero hacer consciente el inconsciente, la única forma objetiva es ver los resultados que mi comportamiento ha generado en mi vida. Solemos ver esos resultados en función de las cosas que suceden alrededor. Cuando revisamos particularmente los resultados insatisfactorios, solemos pensar que están asociados a factores externos: "La profesora que me hizo esto", "La relación de mis papás me generó esto", "La situación económica de mi infancia fue la que me hizo así". Pero difícilmente somos capaces de ver que lo que marcó nuestra vida no fueron esos hechos en particular sino la forma como consciente o inconscientemente los interpretamos y reaccionamos ante ellos. Si somos capaces de analizar esos resultados sin caer en la victimización del otro, o de nosotros mismos, podemos entender que debemos responsabilizarnos de nuestros actos y asumir nuestra propia historia. Si soy capaz de asumir mi pasado, puedo también enfrentar mi presente desde otro lugar. Es un ejercicio que no nos gusta hacer. Cuando miramos hacia atrás, a nuestra historia, nos damos cuenta de que si no entendemos los propósitos pedagógicos de nuestra historia, la repetiremos una y otra vez. Solo al hacer ese ejercicio llegaremos a la compresión, y esta nos llevará a experimentar nuevas situaciones.

Lo primero será renunciar a la idea de los culpables. Esta revelación es difícil porque nos hace caer en cuenta de que no tenemos que perdonar a nadie. Si liberamos culpas, no tenemos nada que perdonar. La idea del perdón es un mecanismo muy sofisticado del ego espiritual. Yo estoy bien, tú estás mal, pero a pesar de eso soy tan magnánimo y bondadoso que te absuelvo y te indulto. No hay nada más soberbio y arrogante que el perdón. Si tan solo entendiéramos que cada quien hace lo mejor que puede con la información que tiene y que el otro es el facilitador de algo que necesitamos aprender, la consecuencia natural de esa comprensión no es el perdón, es la gratitud. **NO HAY NADA QUE PUEDA TRANSFORMAR MÁS LA VIDA DE UN SER HUMANO QUE LA GRATITUD.**

Tenemos el impulso de ver la vida a partir de lo que creemos justo y lo que no, pero si la vemos desde el punto de vista de lo necesario, nos damos cuenta de que lo que sucede nos muestra y nos enseña siempre lo que necesitamos aprender. Es entender que compasión no es aprobación; compasión es respeto por lo que se le dificulta al otro. Eso no tiene que gustarme, no tengo que estar de acuerdo, pero lo que no me gusta del otro lo aprendo a trabajar en mí. Los comportamientos de los demás nos dan una perspectiva más amplia para comprender. Las cadenas de sufrimiento e injusticia se rompen a través de la comprensión.

NUESTROS TRAUMAS Y CARENCIAS NO DETERMINAN NUESTRO VALOR COMO SERES HUMANOS, ni necesariamente tienen que determinar nuestro destino. Venimos a esta experiencia de vida a trascender nuestras heridas para poder llegar a otro nivel de conciencia. Es al ser heridos que podemos reconocer nuestro increíble poder para sanar.

Cuando hablamos del pacto del alma, entendemos que de alguna forma vinimos a vivir lo que necesitamos vivir y podemos identificar que siempre cumplimos el doble papel de maestros y estudiantes. Todos estamos sirviéndonos de espejos. Y esta interacción, digamos esta fricción permanente entre nuestra ignorancia y la de los demás, genera los resultados sistémicos que nos muestran como especie lo que funciona y lo que no funciona en nosotros.

Tenemos que desempolvar la propia historia, sin recrearla al punto de volver a sufrir por ella, sino verla desde un lugar nuevo para entender una cosa fundamental y es que **DE DONDE VENGO NO DETERMINA NECESARIAMENTE PARA DÓNDE VOY**. Si reconocemos los aprendizajes, garantizamos que para nosotros se abre la posibilidad de llegar a un punto de mayor armonía y satisfacción. Esto se llama transmutar el destino y es entender que podemos obtener un nivel diferente de aprendizaje, sabiduría y comprensión a partir de aquello que nos hizo sufrir, y que además al hacer esto le quitamos el poder de causarnos sufrimiento. Es como si subiéramos a un punto más alto, una colina o un balcón, y desde ahí tuviéramos la posibilidad de contemplar la vida con una visión más amplia. Adquirir una posición más elevada incide en nuestra percepción. En la medida en que elevamos nuestro nivel de conciencia, somos capaces de ver una dimensión más amplia de lo que nos ocurrió. Podemos resignificarlo, y ese nivel de comprensión nos abre un mundo enorme de posibilidades.

La invitación de este libro es a reconocer la posibilidad que está en cada uno de escribir una historia diferente, pero entender que no se puede reiniciar la historia si no se ha identificado aquello que hasta el momento no ha funcionado en nuestra vida.

Los "quiero" y los "creo"

De alguna manera nos han vendido, o culturalmente hemos celebrado, la idea de pensar que nuestra conducta es genética. Que venimos con unos patrones o una forma de responder ante la vida, como si se tratara de un mecanismo previamente instalado, cuando en realidad es un recurso adaptativo que hemos desarrollado desde el inconsciente, como una suerte de sistema operativo para responder ante las circunstancias que nos planteó el entorno que interpretamos siendo niños. Respondemos siempre desde los mismos lugares, que son los que de alguna manera recorrimos de pequeños. Quiere decir que, si yo desde niño interpreté que no me prestaban mucha atención, pues desde ese momento empecé a buscar mecanismos para compensar esa carencia o esa amenaza que registré. Dentro de ese orden, interiorizo que llamar la atención va a ser una forma de compensar mi carencia. Y así ocurre con innumerables comportamientos y patrones que se van arraigando en mi conducta, pues de algún modo me fueron útiles. Es por esto que estamos llenos de conductas adictivas, que por más que nos causen problemas seguimos repitiendo y sufriendo. Esto es lo que se repite desde el inconsciente a través de la manera como elegimos pareja o como volvemos una y otra a vez a las mismas circunstancias que se repiten en nuestra historia. Es como un *loop* que indica que hay algo que no he aprendido, pero a medida que vamos comprendiendo aquello que necesitamos trascender en nuestra mente, los aprendizajes cambian de rumbo. Digamos que la correlación entre el lugar de donde vengo y la dirección hacia la que voy, la brecha o lo que podría desafiar eso es la capacidad que tenga yo para identificar qué necesito aprender de cada circunstancia de la vida.

En la medida en que aprendo, mi capacidad de respuesta se amplía. Al ampliarse la capacidad de respuesta, el nivel de posibilidad que contemplo es mayor. Entre más amplio es el rango para actuar, más fácil es para mí tomar una acción consciente, algo que no es nada distinto que una acción de la que tengo certeza que va a generar un resultado satisfactorio en mi vida. Esto es totalmente contrario al *loop*, que genera siempre el mismo resultado y que literalmente es un círculo vicioso.

Así funcionamos; de manera inconsciente recreamos las circunstancias que nosotros percibimos como amenazas para poder justificar nuestra conducta. Me gusta decir que el mayor vicio que tenemos en la vida es el de ser nosotros mismos. ME GUSTA HABLAR DEL VIEJO VICIO DE SER YO. Y es muy interesante porque todos los resultados, la lucha en la que se ha convertido la vida, son los que nos permiten justificar nuestro comportamiento. Esto es interesante, porque cuando vemos con un poco más de detalle, más allá de esa narrativa, se trata de alguien que ve todo de esa forma y que, cuando no está mal, se boicotea, para que en efecto esté mal. A una mosca le puedes poner una flor al lado; LAS MOSCAS NO SE PARAN EN LA MIERDA PORQUE NO HAYA FLORES, SE PARAN EN LA MIERDA PORQUE SON MOSCAS. De alguna manera eso nos pasa a los seres humanos, pero al mismo tiempo está esa idea de que el mundo nos dice todo el tiempo: "Sé tú". De alguna forma tenemos el prejuicio de que el mundo debe acomodarse a nosotros, que debemos tener una pareja que nos ame por ser nosotros. Esto también aplica a los amigos, las circunstancias, todo. En la práctica eso no pasa, entonces comienza a surgir un desgaste energético en la medida en que nos enfocamos en la idea de que lo que debería cambiar es el entorno. Mientras no asociemos los resultados a "ESE VIEJO VICIO DE SER YO", mientras sigamos siendo como somos, nuestra vida va a seguir siendo como ha sido hasta ahora. Y eso nos pone en una situación muy complicada, porque si queremos una vida distinta tenemos que abandonar el vicio de ser nosotros, y la mayoría de las veces es lo único que no queremos hacer. Pero ¿cómo así que tengo que dejar de ser yo? Sería como quedarnos sin piso. Ese vicio de ser yo se alimenta de dos estructuras muy inconscientes que se llaman nuestros "quiero" y nuestros "creo". Nuestros "quiero" tienen que ver con la idea que tenemos de cómo debería configurarse el mundo para que me sienta bien: quiero ser escuchado, quiero ser tenido en cuenta, quiero sentirme seguro. Y los "creo" constituyen el sistema de creencias que tomamos del mundo para justificar que lo que queremos está bien y es justo. Entonces, si nos ponemos a ver, los seres humanos nos pasamos la vida luchando por lo que queremos y defendiendo lo que creemos, sin entender que precisamente eso es lo que se convierte en nuestra cárcel, es lo que salvaguarda el vicio de ser yo y es lo que determina la realidad en la que vivimos. Es muy raro que nosotros nos preguntemos por qué queremos lo que queremos y por qué creemos en lo que creemos. Esto es lo que nos pasa a través de los ciclos que se repiten en nuestra vida. Podríamos decir que el error o todo aquello que genera malestar o incomodidad y sufrimiento es el maestro que no nos gusta atender, porque estamos más orientados a encontrar una justificación a nuestro error o una narrativa de por qué erramos, que a asumir el error como una responsabilidad generada desde nuestra propia ignorancia. ¿Hasta cuándo? Pues hasta que estamos listos para aprender. Y ¿cuándo lo estamos? Los seres humanos hablamos mucho acerca de que nos gusta aprender, pero en realidad lo que nos gusta es reafirmar lo que ya sabemos. Pareciera que seguimos buscando discursos diferentes para afianzar lo mismo: aprender es incómodo y doloroso, porque para aprender tengo que reconocer que no sé y eso es una declaración de ignorancia. Solo aprende quien reconoce que no sabe. Cuando nuestra mente registra información que va en contravía de lo que la habita, genera un mecanismo de rechazo o de escape. Solamente estamos listos para aprender cuando hemos verificado la inutilidad de la información que hay en nuestra mente. Cuando a través de la evidencia de los resultados decimos: "Puedo reconocer que no sé y siento que no puedo más". Cuando estoy totalmente saturado de sufrimiento y malestar, llego a eso que muchos llaman "la noche oscura del alma" y que precede al punto de toma de conciencia. "Estoy mamado de mis amigos", cambio de amigos. "Estoy mamado de mi trabajo", cambio de trabajo. "Estoy mamado de mi esposa", me separo. Pero es solamente cuando reconocemos que "estoy cansado de mí" cuando identificamos que el denominador común en todo el malestar y el caos finalmente somos nosotros. Podríamos decir entonces que estamos listos para aprender, es decir que la mente está lista para recibir nueva información. Este proceso es individual, así como lo son los niveles en los que una persona puede llegar a saturarse. Lo que sí podemos inferir es que, a mayor conciencia del ser humano, más bajitos serán sus niveles de saturación. Entre mayor es nuestra ignorancia, más duro nos damos contra el mundo para poder decir: "Por ahí no es".

En la medida en que tenemos más capacidad de comprensión, no tenemos necesidad de sufrir tanto porque somos capaces de reaccionar a niveles menores de malestar. Todos los resultados insatisfactorios de la vida (ahí donde tenemos mayores niveles de malestar y de sufrimiento) son mecanismos a través de los cuales la vida nos muestra aspectos de nosotros que nos cuesta reconocer y que necesitamos cambiar. Es la teoría del espejo, que siento que hemos aprendido con cierta distorsión. Todas las circunstancias nos están dando información sobre nosotros mismos. Es la oportunidad de ver nuestra neurosis, nuestra rigidez, nuestros miedos, nuestra baja autoestima, de entender lo que necesitamos aprender, porque la vida nos muestra lo que vinimos a aprender a través de lo que se nos dificulta, a reconocer que tenemos responsabilidad y que en esa medida tenemos también la posibilidad de cambiar algo en nosotros. Se trata de pasar de ser víctimas a ser los protagonistas de nuestra vida. El día que empezamos a ver la vida de esa manera, de forma más consciente, podemos renunciar por completo a la idea de los culpables. Esta idea desafía por completo lo que culturalmente hemos celebrado, pues consciente o inconscientemente tenemos una vida totalmente construida sobre la idea los culpables. Así, entre más ignorancia tenemos, más densos son los procesos sociales: guerras, hambre, muertes, crisis climáticas, violaciones, crímenes. Como un círculo vicioso, una serpiente que se muerde su propia cola, una espiral interminable de ignorancia, de venganza, del juego de buenos o malos, en donde todos creen que son buenos y que los malos son los demás.

Dualidad e integración

El equilibrio y la armonía en los seres humanos comienza a partir del principio del que fuimos creados, esto es, de la interacción entre la energía masculina y la femenina que nos constituye, pues cada uno vino —en términos biológicos— de una madre y un padre. Por supuesto que esto cambia cuando hablamos de crianza, que a menudo ocurre sin una de las dos figuras.

Durante ese proceso de crianza y desarrollo hay, naturalmente, un papel que aporta el padre —que representa lo masculino— y un papel que otorga la madre —lo femenino—. Si observamos bien, hay funciones que cumple cada uno, no solamente en los humanos, sino también en las demás especies.

Sin caer en lugares comunes, en términos energéticos podríamos decir que la energía femenina, la energía del afecto, es el primer vínculo que tenemos con el mundo: de alimento, de cuidado y de contención. En términos psicológicos, la madre (la energía femenina) es la que se encarga de crear el vínculo con nuestro mundo interno, es decir, nuestra relación con nosotros mismos. Es la energía que nos enseña a reconocer que somos importantes, que necesitamos cuidados, que esto que somos necesita atención y cuidado. Básicamente, la madre transmite o enseña eso con presencia activa, escucha, cuidados y atención. La madre nos enseña —a través de las rutinas y los hábitos— a afianzarnos en el mundo. La madre es quien pone la semilla de lo que debería después traducirse en una capacidad de aceptación, respeto y cuidado por nosotros mismos. Si eso se siembra en nosotros de niños, al convertirnos en adultos aprenderemos a cuidarnos, respetarnos, valorarnos, respetar nuestro cuerpo y elegir lo que sea mejor para nosotros. Podremos expresar lo que nos pasa de forma asertiva y entenderemos que lo que les pasa a los demás también es importante. Ahí ocurren un sinnúmero de procesos fundamentales para la construcción de tejido social, lo cual influirá en el hijo que somos, el empleado y el jefe que algún día seremos; el ejercicio del liderazgo, las relaciones de pareja, la crianza de nuestros propios hijos y el ejercicio de una ciudadanía armónica, en general, dependen de eso.

Se supone que todo tiene lugar en la infancia, o de lo contrario los adultos evidenciarán carencias y vacíos emocionales después, que intentarán compensar a través de comportamientos poco asertivos. Puede suceder que ese respeto que no aprendimos a darnos, después intentaremos procurárnoslo al esperarlo de los demás. Esto se reflejará en un comportamiento caprichoso, demandante, posesivo, celoso, inseguro, dependiente y competitivo.

Todo ese mundo interno es el que comienza a configurarse a partir de la energía femenina, y ese principio interno es clave porque nos enseña no solamente a cuidarnos, sino a cuidar, a entender que la vida no solo se trata de alcanzar, conquistar, poseer, tener y lograr. Es el principio que nos enseña la importancia del propósito, la conservación y la armonía. A partir de la construcción de ese vínculo de autocuidado empezamos a vincularnos con el otro y con todo lo que nos rodea, alcanzando así un sentido del ser: **LA IDEA DE QUE HACEMOS PARTE DE UN TODO VALIOSO QUE DEBE SER CUIDADO.**

La fuente masculina

Y, por otro lado, el principio masculino nos enseña que también existe un mundo exterior y que, de alguna manera, ese mundo responde o funciona de acuerdo con ciertas lógicas. Es el que nos explica que nuestros deseos no son lo único importante, porque hacemos parte de un todo. Esta energía es la que enseña cómo poder interactuar de forma armónica con ese mundo externo, la importancia de las normas, el manejo del mundo de la materia, la correlación entre nuestras acciones y los resultados de la vida. También nos muestra cómo limitar, elegir y sobre todo asumir el impacto de nuestra conducta en el mundo del que hacemos parte.

En teoría, un ser humano que tiene integradas las dos energías en sí mismo tiene instalado todo lo necesario para poder vivir en armonía con el planeta. Tenemos la capacidad de hacernos cargo de nosotros, y podemos, a través de la acción consciente, interactuar de manera armónica con el mundo y reconocer que el ejercicio de nuestra libertad tiene unas implicaciones. Y cuando aprendemos a ser conscientes de esas implicaciones, tenemos la capacidad de elegir aquellas cosas que van a traer resultados de abundancia y bienestar.

Si estos dos aspectos estuvieran integrados en nosotros, no esperaríamos que el mundo llene los vacíos que tenemos. Si no se imprimió en nosotros la energía masculina, entonces no aprendimos a seguir las normas, no aprendimos a ser disciplinados, no aprendimos a asumir las consecuencias de nuestros resultados, a concretar proyectos. La narrativa se alimentará entonces de que la vida no es justa, de justificarse a través de expresiones como "es que no he tenido suerte", "hay gente que la tiene muy fácil y a mí me ha tocado muy difícil", porque en últimas somos incapaces de tomar nuestras propias decisiones y a menudo nos paraliza el temor. Cuando no tenemos incorporada esta energía en nosotros, tomamos decisiones que van en contravía de nuestro bienestar, actuamos con rebeldía o sumisión y nos importa poco llevarnos el mundo por delante o considerar que el mundo tiene la obligación de cargar con nosotros. En últimas, terminamos acumulando comportamientos que van a generar unos resultados de insatisfacción alta.

Como ya lo hemos analizado, esos resultados siempre están cumpliendo la labor pedagógica de mostrar los desequilibrios que hay en nosotros. Sin importar si somos hombres o mujeres, podemos determinar, a través de la revisión de nuestra historia personal, qué tan integradas están estas energías en nosotros, es decir, cómo estamos en términos de autoestima, autocuidado, cómo son nuestros hábitos, qué capacidad tenemos de cuidar al otro, de decir las cosas con tacto, qué tanto somos capaces de escuchar. Si nos ponemos a pensar, la idea que tenemos los hombres (de ser hombres) es totalmente castradora, por eso a menudo no expresamos lo que sentimos, no le damos valor a lo que siente el otro; no nos cuidamos porque una muestra de hombría es asumir que no necesitamos cuidado, no atendemos nuestra salud, no cuidamos nuestra alimentación, no reconocemos que nuestro cuerpo también necesita descanso, no vemos la importancia de decir lo que nos pasa o nos agobia. Muchas veces, ese desequilibrio se manifiesta en agresividad, estados temperamentales, imposición, control, lejanía, dureza, frialdad, una atención excesiva al dinero, al recurso, a lograr, a conquistar.

Lo más raro es encontrar a una persona que tenga integradas sus dos energías de manera armónica. Quien tiene esta integración no está en la búsqueda permanente de sentirse bien, de automejorarse. Estas personas —que, como digo, no abundan—, tienen todo lo necesario para ser felices por sí mismas. Hablando con honestidad, lo que es bastante común es cruzarnos con personas que piensan que serán felices cuando... "tenga tal trabajo", "consiga por fin mi casa propia", "me vaya de vacaciones" o "encuentre a mi media naranja".

Nuestro ego nos ha hecho firmar un contrato con una cantidad de prerrequisitos, en el que, si uno de ellos falta, no podemos ser felices. "Si mi pareja no es fiel, yo no puedo ser feliz". "Si mis hijos no viven acorde a lo que yo creo, no puedo ser feliz". "Si no están sanos, no puedo ser feliz". Nos hemos llenado de pretextos que usamos como excusas para no hacernos cargo de nosotros mismos, es decir, de aprender a cuidar y valorar lo que somos.

Muchísimos se ven a sí mismos como personas insuficientes. Esta sensación de insuficiencia está presente incluso en las personas arrogantes, porque la arrogancia es un síntoma de inseguridad. Y por más que muchas personas digan: "Yo me amo y tengo muy buena autoestima", a veces eso no es más que el reflejo de un vacío que sigue sin llenarse. Lo importante no es lo que pensamos, sino cómo vivimos nuestra vida, cómo respondemos ante los errores de los demás, si realmente creemos que nuestro valor no está indexado a nuestra cuenta bancaria, si nuestra estabilidad no depende de tener o no pareja. Si nuestra autoestima efectivamente está instalada en nosotros, significa que nuestro valor, y como lo percibimos, no depende de nada de eso. ¿Pero cuántos en realidad nos sentimos valiosos, amados e importantes mientras tenemos salud y recursos? Es la trampa del ego, de cierta idea de control, y la noción de que tenemos cierto margen que nos permite ser flexibles y adaptarnos a los imprevistos. Tampoco suelen abundar las personas que realmente crean que el futuro es algo que se construye, y no que es más que el reflejo de las acciones que tomamos en el presente. A la gente le gusta mucho preguntarse cómo va a ser su vida, como si se tratara de un oráculo y un juego de cartas. Y la realidad es más simple: va a ser el resultado de lo que hemos hecho hasta hoy. Una buena vejez se construye a partir de hábitos y disciplina: cómo descansamos, cómo nos alimentamos, cómo nos ejercitamos, cómo nos relacionamos y cómo enriquecemos nuestro intelecto y fortalecemos nuestras destrezas. Mientras no entendamos la relación lógica de esta premisa, seguiremos manteniendo la idea de que la experiencia humana es el fruto de los caprichos del azar y que todos somos manipulados por un titiritero que nos coloca en unos roles arbitrarios, porque además tiene favoritos a los que selectivamente premia mientras que otros los castiga.

Ese desequilibrio nos ha llevado a buscar lo que nos falta fuera de nosotros, de formas que muchas veces nos hacen pasar por encima de nosotros mismos, y de los demás. En realidad, deberíamos tener siempre la conciencia de que todo cumple un papel, que nada es casualidad y que el cuerpo que tenemos es el vehículo del aprendizaje que necesitamos adquirir. En el código, el ADN, hay algo único que cada uno vino a aprender.

Si la fortaleza que representa lo masculino se usara para cuidar, proteger, proveer, comprometerse y apoyar, y además todo eso se hiciera con amor y disfrute, no seríamos una amenaza ni nos motivaría la necesidad de competir, someter y mandar. La integración de las dos energías —femenina y masculina— genera estabilidad y permite sembrar semillas de confianza en los vínculos alrededor.

De otro lado, el mundo necesita mujeres que puedan representar esta energía femenina tan pisoteada en el mundo. El tema de cuidar y proteger se volvió un rol de segunda y muchas mujeres quieren tener hijos, pero no ser madres, pues ese no es un trabajo respetado, remunerado o reconocido. Es cierto que la energía masculina de alguna forma ha gobernado y ha vulnerado el principio femenino, haciendo que las mujeres respondan ante esa circunstancia castrando su energía femenina y digan: "Nosotras también podemos proveer, podemos generar riqueza". Efectivamente lo han hecho y han demostrado su capacidad, pero con ese desequilibrio hemos construido un mundo en el que solo se habla de tener, producir y alcanzar. La igualdad se ha distorsionado, porque las energías están desbalanceadas. Tanto hombres como mujeres necesitamos reparar y construir vidas en armonía a través de la manifestación sana de ambas energías.

Si no recibimos eso de nuestros padres, porque ellos no tenían las herramientas para dárnoslo, es nuestra tarea buscar la manera de integrar esta armonía en nosotros. De no hacerlo, seguiremos cometiendo los mismos errores y evidenciando la misma falta de balance que muestra este mundo del cual todos hacemos parte.

Todos tenemos un hilo que nos une y, de acuerdo con el vínculo, ese hilo es más o menos grueso. El nivel de influencia se limita o expande dependiendo de qué tan estrecho es. Lo que viaja a través de nosotros es lo que hemos comprendido a conciencia y que sabemos que facilita el camino a los demás. El respeto y el cariño que entregamos nunca van a hacer daño.

Se trata de no esperar que el mundo nos genere cosas, sino que empecemos a generarlas. Dicen que algunas personas parecen medicina, porque al final cada quién está dando lo que tiene. Entender que todo lo que entregamos es lo que recibimos. Cada ser humano cosecha lo que siembra, pero tenemos la idea de que no es así, de que damos y no recibimos. Todo en la vida es matemático. Si nosotros aprendiéramos a ver los resultados de la vida como el fruto de lo que sembramos, usaríamos siempre el resultado para generar más conciencia.

Adaptabilidad, autoestima, sabiduría y cómo fluir con la vida

Sabemos que el bienestar y el equilibrio son el resultado de la confluencia de tres energías: ADAPTABILIDAD, AUTOESTIMA Y SABIDURÍA. Para tener una buena vida, o para aterrizar el concepto de "fluir con la vida", del que se habla tanto, hay que aprender lo que en realidad significa fluir y lo que implica. Esto se puede entender como no oponernos a lo que sucede. Por lo general, hacemos resistencia desde tres lugares: la MENTE, que solemos cerrar y esperamos que la vida se adapte a las creencias que tenemos de cómo debería ser; le hacemos resistencia a la vida desde las EMOCIONES, cuando esperamos que los otros se encarguen de hacernos sentir valorados y nos gobierna la necesidad de ser aceptados y respetados por los demás, y le hacemos resistencia a la vida desde el INSTINTO, que reacciona de manera primaria en vez de responder con armonía y serenidad, porque cuando las cosas no son como queremos nuestro comportamiento se torna irascible, primario y solo encuentra la solución en el ataque o la huida.

Podemos inferir entonces que es fundamental que aprendamos a abrir estas tres puertas: LA MENTE, EL CORAZÓN Y LA VOLUNTAD. Abrir la mente al limpiarla de creencias limitantes y cualquier pensamiento que genere división, agresión, violencia, desvaloración y amargura, y comenzar a llenarla de pensamientos que nos permitan aceptar, respetar, valorar y encontrar nuevas formas de enfrentar y aprender de cada persona, y circunstancia que enfrentemos.

Cuando somos capaces de analizar esto, empezamos a identificar qué necesitamos cambiar y qué nos ha servido en nuestro desarrollo. Descubrimos que es precisamente en nuestra mente donde se genera la resistencia que le hacemos a la realidad y a la vida.

Podríamos ilustrar esta idea a través de los siguientes ejemplos:

Dos hermanas que crecieron juntas fueron siempre muy compañeras, compartieron crianza y valores. La madre es del Opus Dei y siempre les inculcó que la sexualidad, el amor y Dios van de la mano. Cuando empezaron a crecer, una se apegó a los mandatos de la madre y la otra no. Una solo tuvo un novio y se casó virgen, mientras que la otra empezó a decir que no quería casarse, que no creía en las relaciones exclusivas, que la monogamia no le hacía sentido y siempre se acostó con quien quiso. Ahí se establece una distancia ideológica entre las dos hermanas. Una juzga a la otra y desconfía de su estilo de vida. La que decidió tomar distancia siempre creyó que la relación se quebró por el comportamiento libertino de la hermana. Jamás se planteó que se debía a la creencia que tenía de que la otra debía ver la vida como ella. En la práctica, si esa creencia se modificara en su mente, la relación podría reestablecerse y sanarse.

Eso no significa que ella tenga que dejar de creer en lo que cree o que deba modificar su vida y su comportamiento; lo que sí podría hacer es respetar que las demás personas no deben pensar necesariamente del mismo modo y eso no las hace malas o indignas de confianza. Significaría que una forma de ser no es una amenaza a otra manera de pensar. Para eso hay que abrir la mente. El ejemplo se podría ver exactamente igual desde el otro lado.

De manera general, cuando tenemos una estructura de pensamiento, esa misma estructura (paradigma) se encarga de hacernos pensar que si la cuestionamos estamos perdiendo nuestros valores. Nos enseñaron que tenemos que ser férreos en nuestras creencias, cuando en realidad nos estamos amarrando a nuestra propia ignorancia. Abrir la mente nos permite suspender el automático de la justificación de cómo nos hemos explicado la vida, de cómo hemos juzgado y calificado, y simplemente empezar a tomar distancia, y desde un punto neutro, decir: "¿Por qué pensamos así? ¿Por qué esto es tan importante para nosotros? ¿Por qué nos cabrea tanto?". Cuando en efecto empezamos a abrir la mente, comienza un proceso psicoterapéutico que nos permite darnos cuenta: "Hemos sido inquisidores/as". "Con razón mi hermana no confía en mí, con razón las personas se alejan de mi vida. Ahora entiendo el porqué de esto o de aquello en mi vida". Al comprender esto, también aparece la certeza de que necesitamos cambiar aquello que nos impide construir confianza y vínculos más sanos con los otros. Aprendemos a respetar la diferencia y a ser sabios para elegir en qué espacios y con qué personas podemos convivir en armonía, y cuando es necesario dejar un espacio o a una persona para lograr el mismo fin.

Nuestra realidad se crea en la mente, así como nuestros sentimientos, que al final son sentí-mentales. Esto quiere decir que al abrir la mente también empezamos a abrir el corazón. Al transformar la información que hay en nuestra mente se generaran cambios en nuestra manera de sentir y de percibir la realidad. Los sentidos sirven para conocer el mundo exterior, los sentimientos sirven para conocernos a nivel interior y poder identificar lo que necesitamos aprender. Los sentimientos se originan en el sistema de creencias y no son universales. Esa es una gran mentira que nos hemos creído y que es agresiva, porque significa que si nosotros lo sentimos los demás también deberían sentirlo. Los sentimientos son valiosos en la medida en que nos permiten identificar la información que tenemos en la mente y cómo la percibimos a partir de nuestras emociones; la dificultad aparece cuando tenemos sentimientos negativos y le atribuimos el malestar a lo que está sucediendo y no a la interpretación que la mente hace de lo que está sucediendo.

Por ejemplo, nos enseñaron que si nuestra pareja nos engaña debemos sufrir, ofendernos y responsabilizar al otro de nuestro malestar. En el momento en el que ocurre una infidelidad, deberíamos ser capaces de reflexionar sobre las causas y preguntarnos qué pasó, qué estaba sucediendo en la relación en ese momento, por qué dejé de ser la mejor opción para el otro, qué clase de relación construimos y qué llevó a este resultado. Porque si una amiga cercana nos cuenta que le fue infiel a su esposo, nosotros no vamos a insultarla o a ofendernos. Vamos a intentar comprender qué pasó y qué nos está contando. Esto no significa que estemos de acuerdo con lo que hizo y las decisiones que tomó, y tampoco que tengamos que permanecer en una relación en donde no tengamos afinidad con respecto a lo que consideramos importante.

En muchos casos una infidelidad puede ser una oportunidad para aprender, crecer o incluso comprender que es momento de decir adiós con el mismo amor con el que un día se tomó la decisión de estar juntos.

Abrir la mente nos lleva a ser conscientes de los sesgos que hemos sostenido. Es entender que el mundo es más amplio y que el malestar de nuestra vida ha estado en la información que tenemos, y que hemos conservado y defendido. Porque pensar que vivimos mal porque la vida es así, es muy desesperanzador. Esto genera todos estos cuadros que abundan en la humanidad: ansiedad, depresión, angustia y enfermedad. Si entendemos que es más bien nuestro filtro lo que está mal, y los únicos que tenemos poder sobre ese filtro somos nosotros, empezamos a estar más atentos sobre qué información ponemos en nuestra mente y los efectos que genera en los resultados de nuestra vida.

En últimas, abrir el corazón nos permite empezar a ver la vida desde un lugar de mayor empatía. Nos ayuda a desarrollar la capacidad de ponernos en el lugar del otro, al entender que tiene sus propias maneras de pensar y de ver la vida. Que no es lo mismo que querer cambiarlo, organizarlo, asumir lo que no nos corresponde, es simplemente comprender que nuestra valoración depende de nosotros y no de los demás. Entre mejor sea nuestra autoestima, más sana será nuestra relación con el otro, sea mi amigo, mi jefe o mi pareja. Nos encargamos de nosotros mismos porque hemos aprendido a reconocer nuestro valor, a cuidarnos, pero también a cuidar del otro, a respetarlo, a poner límites donde sean necesarios y a fluir con absoluta libertad, al aceptar la vida en toda su dimensión. Ese proceso de comprensión mental, de hacer la tarea de entender lo que las emociones enseñan, después nos dará una claridad para identificar aquello que necesitamos dejar ir.

> En mi caso particular, fui celoso y posesivo durante años. Vengo de una cultura muy de *"mi mujer"* y *"los machos que se miden en fuerza"*. Un comportamiento primitivo del que me sentí orgulloso durante mucho tiempo, porque juzgaba, vivía entre la culpa y la represión. Cuando observo mi pasado, puedo identificar que los celos me llevaron a problemas, discusiones, inseguridades y relaciones tóxicas. A medida que fui cambiando esa tara mental, empecé a ponerme en el lugar del otro, vi que no tenía sentido eso de pensar que la otra persona era mía y que su cuerpo me pertenecía. ¿Quién nos metió eso en la cabeza? ¿Qué derecho tengo de decirle a otra persona con quién puede hablar, a quién puede mirar? Mi primera conclusión fue decir: *"A mí no me gustaría tener una pareja como yo"*. Eso genera una forma distinta de sentir y de relacionarnos. Si entiendo que no eres mía, que no tienes ninguna obligación conmigo, entonces podré concentrarme en lo que me corresponde que es, como pareja, tratar de ser tu mejor opción.

En este punto, es importante reconocer que necesitamos voluntad para que todo esto se convierta en una acción consciente. De nada sirven nuestras intenciones si no se traducen en realidad. El universo responde a la acción, no a la intención. ¿Esto qué quiere decir? Que si no piensas, sientes y actúas diferente, no vas a construir una vida diferente a la que has vivido hasta ahora.

Adaptarnos nos permite tener una relación armónica con el entorno, más allá de que las circunstancias sean las que deseamos. La autoestima nos permite tener una relación armónica con los demás, y así, dejamos de ser un peso para el otro. Esto se traduce en que tenemos algo que compartir, porque al estar llenos de amor tendremos algo que ofrecer en lugar de exigir y demandar. Y finalmente podemos decir que la sabiduría (que es la capacidad de aprender a actuar en la vida) es la que nos lleva a vivir, no desde las creencias, sino desde la verificación del resultado: ser sabio es saber hacer. Nuestra sabiduría se evidencia a través de la acción consciente. Esto quiere decir que la persona, tras evaluar las circunstancias, es capaz de determinar la acción que le garantiza un resultado armónico. Es la respuesta a la pregunta acerca de cuál es la mejor forma de responder a esto que la vida me pone al frente. ¿Y de dónde obtenemos la sabiduría? De prestar atención a los resultados. Si realizamos una acción y esta genera un resultado insatisfactorio, podemos inferir que no sirve y tendría poco sentido seguir haciendo más de lo mismo.

La sabiduría nos lleva a vivir la vida como si se tratara de un método científico. Lo que estamos evaluando es el resultado.

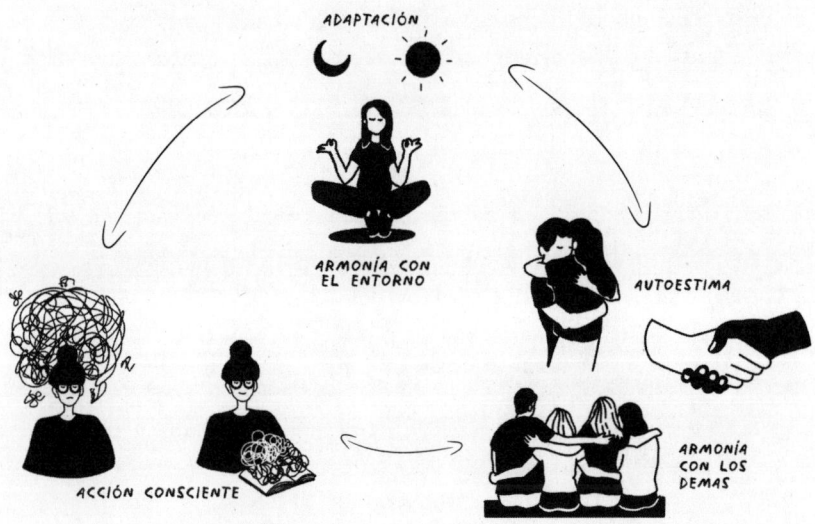

Adaptación = Armonía con el entorno

Autoestima = Armonía con los demás

Sabiduría = Capacidad de aprender e ir evolucionando, en la medida en que vamos ampliando nuestra comprensión.

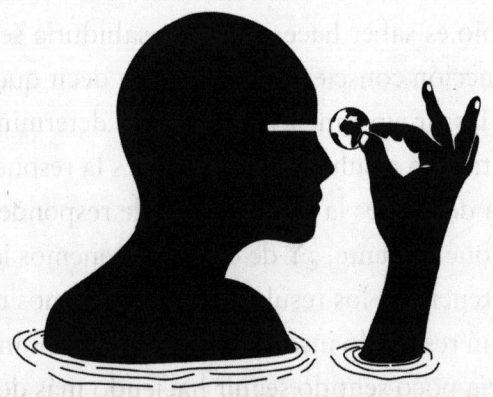

ENTRE MAYOR ES NUESTRA COMPRENSIÓN EN LA VIDA, MENOR ES NUESTRO SUFRIMIENTO.

Correspondencia

La correspondencia nos permite identificar, a partir de la observación de la realidad particular de cada individuo, los aprendizajes asociados a lo que cada uno necesita trabajar. En la práctica, podríamos tener dos posturas ante la vida. *LA PRIMERA ESTÁ BASADA EN EL AZAR Y EL ERROR.* Es la visión del universo como un error matemático en que lo justo o lo injusto se atribuye a un orden que no podemos comprender, aunque lo intentemos explicar de formas distintas, por ejemplo, a partir de la idea de un Dios. Sin embargo, sabemos que la concepción cósmica de esa divinidad terminaría siendo muy particular, pues nosotros mismos le otorgamos los atributos de un Dios castigador, caprichoso y arbitrario; que a unos les da mucho y a otros muy poco. Esta visión, que a todas luces es improbable, ha generado en la mayoría de los seres humanos la postura de usar las circunstancias que lo rodean como determinantes de su realidad. Y esto explica también por qué la mayoría está mucho más empeñada en juzgar las circunstancias que en aprender lo que es necesario para transformarlas.

La otra forma es reconocer la pertinencia pedagógica de todos los procesos del universo, como parte de un orden perfecto. Quiero decir que, si de algún modo creemos en Dios, la voluntad del Padre se expresa en todo. Y si lo que tenemos es la concepción de un proceso evolutivo de un padre amoroso, podemos decir que todo lo que sucede en este colegio (que es la vida) tiene un propósito de amor. No de amor en un sentido de sentimiento, sino un propósito de todo aquello que es necesario para trascender nuestra ignorancia y transmutarla en sabiduría, de manera que en la medida que vamos comprendiendo cómo funciona todo, no necesitamos hacerle resistencia a la vida; podemos aprender a estar dentro de la armonía y convertirnos en medios que expresen esa misma naturaleza armónica.

De esta forma, la correspondencia nos muestra que lo que necesitamos aprender se evidencia por medio de todo aquello que nos rodea y de las circunstancias particulares que nos corresponde vivir. Esta noción es interesante porque nos permite cambiar una postura fundamental: la de resistir los entornos. Lo que sucede es que a menudo esa resistencia puede adquirir un barniz romántico, porque se apoya en intereses nobles: la lucha por la justicia, los desvalidos y los desposeídos, por ejemplo.

Es importante que entendamos que todas esas luchas, en algún punto, terminan dividiendo a la humanidad en buenos y malos. Algo que al final deriva siempre en guerras, enfrentamientos y en la intolerancia del y hacia el otro. Como una serpiente persiguiéndose la cola.

Esos procesos de resistencia toman tiempo, pero cuando al fin los entendemos, nos damos cuenta de que en cada momento la vida nos está mostrando y enseñando algo, y así podríamos canalizar nuestra energía de modo que ese aprendizaje se potencie y se expanda, si en vez de resistir pudiéramos aceptar y comprender para finalmente lograr transformar.

Los ejemplos son infinitos:

+ Un jefe exigente y autoritario
+ Una mamá sobreprotectora
+ Unas condiciones sociales específicas (pobreza, orfandad, abandono)

A la luz de esta información, hasta las tragedias podrían entenderse como escenarios pedagógicos. Podríamos ver la importancia de, por ejemplo, aprender el desapego, cuestionarnos una cantidad de creencias limitantes con respecto a la muerte, entender que en la dificultad encontramos nuestras mejores virtudes, que las circunstancias difíciles de la vida nos muestran lo que necesitamos trabajar. Los robos, la corrupción, la contaminación ambiental, todos son a su manera espejos que tienen como propósito enseñarnos, maestros hechos a la medida de nuestra ignorancia que se hacen necesarios para poder llegar eventualmente a trascenderla.

Por supuesto que no se trata solamente de aquello que tiene que ver con el fracaso, la tristeza o el dolor; también podemos entender esto de la correspondencia al identificar los resultados armónicos derivados de hábitos y acciones que terminan impactando positivamente nuestra vida. Partamos de la relación con nuestro propio cuerpo, con la salud: la mayoría de las personas piensa en la salud como si se tratara de suerte, cuando más del 90 % de las enfermedades son de origen psicosomático. El cuerpo nos va mostrando lo que tenemos en la mente y lo somatiza; como evidencia del desequilibrio aparecen el síntoma y la enfermedad. CORRESPONDENCIA ES ENTENDER QUE LAS

CONDUCTAS GENERAN UNOS HÁBITOS Y ESOS HÁBITOS PROPICIAN EL BIENESTAR DE NUESTRO ORGANISMO. Cómo descansamos, cómo nos alimentamos. Al final cada ser humano no eligió lo que tiene, ni su familia, ni su cuerpo, ni el país o las condiciones en las que vive, pero si qué hacer con cada uno de esos aspectos del día a día, que guardan siempre valiosos y necesarios aprendizajes. A medida que vamos avanzando en el tránsito pedagógico, nos damos cuenta de que nuestra realidad no solamente depende de esos factores, sino que nos muestra nuestras elecciones frente a los mismos.

A menudo, cuando digo en mis talleres que las personas tienen la vida que han construido y que se merecen, muchos se molestan, en especial aquellos que no tienen, en apariencia, aspectos positivos. "Eso es fácil decirlo desde una casa grande, desde la playa, desde cierta posición social, desde cierto color de la piel". Pero lo que no nos damos cuenta es que el supuesto discurso del privilegio parte de la idea de un mundo que no va a existir. Si pensamos de ese modo, tendríamos que creer que todo el mundo debería tener las mismas condiciones, cuando sabemos que en la misma naturaleza no funciona así. Los procesos no son lineales. Lo que termina ocurriendo —más allá de que el discurso sea bienintencionado— es que nos revictimizamos y no nos hacemos cargo de todo lo que en efecto está en nuestras manos para obtener resultados diferentes. No puede haber aceptación sin comprensión.

Veamos un ejemplo:

> Una persona que está en una relación abusiva no entiende lo que necesita aprender y se queda ahí, revictimizándose, aceptando su destino, en vez de tomar responsabilidad de sus elecciones y aprender a poner un límite. Hay muchos casos en los que es posible reconocer eso. Niños, por ejemplo, que crecen en entornos disfuncionales. Padres alcohólicos, violentos, madres que abandonan la casa, relaciones de pareja agresivas. Conozco a personas que vienen de hogares disfuncionales y lograron dar vuelta a su historia y construir realidades sanas y armoniosas. En cambio, cuando las personas no aprenden lo que necesitan, la correspondencia no cambia. Cuando no apruebas las materias, sigues viendo las mismas asignaturas.

Cuando no se logra interiorizar lo que es necesario cambiar, los mismos traumas y patrones de la infancia terminan repitiéndose. Es decir, la misma correspondencia es la manera que tiene la vida de decirnos que todavía no hemos captado el mensaje. Hay gente que ha cambiado diez veces de trabajo y tiene el mismo discurso: "No he encontrado lo que me llena", "Ninguna empresa se preocupa por mis sueños". En realidad, una persona así nunca ha aprendido a comprometerse, a ser disciplinada, a cumplir con los compromisos, a dar lo mejor de sí misma. Vemos el mundo como somos. Se trata un poco de crear la propia realidad. Al final la vida externa lo que hace es visibilizar nuestro mundo interior. El matrimonio que tenemos, la salud que tenemos, los recursos con los que contamos, las posibilidades que se nos presentan, todo nos muestra lo que hay adentro. Cuando estamos más atentos a la realidad, vamos a comprender el balance que arroja la vida. SI LO VEMOS, LO ENTENDEMOS Y LO TRABAJAMOS, PODEMOS TRANSMUTARLO, PORQUE DE LO CONTRARIO ESO QUE SOMOS INCAPACES DE VER TERMINARÁ CONVIRTIÉNDOSE EN NUESTRO DESTINO.

La gente se pregunta: ¿Cómo será mi futuro? ¿Dónde estaré en diez años? ¿Qué pasará conmigo? La respuesta, que es la que siempre le doy en mis talleres: nuestra vida va a seguir igual, salvo que nosotros cambiemos, al punto de que hay muchos estudios de gente que se ha ganado la lotería y al cabo de los años regresa al mismo punto de pobreza o precariedad. Al final, el tema no era de falta de recursos como siempre creyó. Quien es juicioso con las finanzas, ahorra independientemente de lo que se gane. Quien es desordenado con la plata, lo es independientemente de cuanto se gane.

La correspondencia muestra que cada proceso tiene un lugar y que hay una correlación perfecta entre el suceso y quien lo vive. Esa linealidad nos lleva a entender algo clave: más que procesos de transformación colectiva, en el universo existen procesos de diseño individual. Esto es algo que incluso digo en los talleres de pareja que dicto: esto no es de los dos. Esto va de entender que cada uno tiene aquí lo que necesita para aprender. Y aprender no es quedarse, aprender es comprender y tomar decisiones en función de lo comprendido.

En una sociedad funciona igual. Es más complejo y al mismo tiempo más simple. Tiene que ver con renunciar a la idea de que la sociedad es la que puede transformarse, sino que la verdadera posibilidad reside en los individuos. Al final, todos los procesos de transformación en las culturas se dan porque ha habido un cambio de mentalidad desde lo individual.

A mayor ignorancia, más densa y compleja es la correspondencia.

Tenemos la idea de que lo bueno es exclusivamente mérito propio, pero lo negativo tiene que ver con que es responsabilidad de otros.

ENTRE MENOS SABIDURÍA MÁS
DENSA ES LA CORRESPONDENCIA

Nos enseñaron que solo podemos disfrutar con cierto tipo de tareas, las que nos gustan. Cuando hacemos lo que nos gusta tenemos una reparación energética, pero cuando no lo hacemos, entonces "nos desgastamos". En el fondo la correspondencia tiene también el propósito de que nosotros desarrollemos la capacidad de servir con incondicionalidad. El día en que una persona logra hacer lo que le corresponde, de la misma manera que hace lo que le gusta, podríamos decir que desarrolla una capacidad que le permite estar bien en cualquier lugar en el que la vida lo ponga. Podríamos pensar que es resignarse, pero en realidad es cuestión de compromiso e integridad. Cuando una persona está contenta, a gusto, dando lo mejor de sí y mejorando permanentemente su entorno, es una joya y se vuelve valiosa para el mundo. A una persona así, usualmente le va bien en la vida, porque aprendió a amar lo que hace en lugar de hacer lo que quiere.

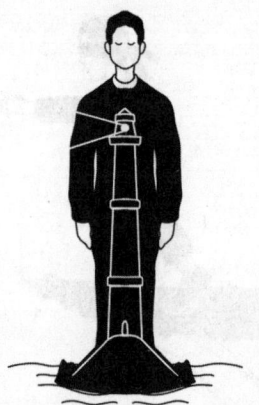

APRENDER A DAR SOLO LO MEJOR

ES FRECUENTE QUE ESO QUE EVITAMOS O RECHAZAMOS SEA LO QUE TENEMOS QUE ILUMINAR PARA EXTRAER EL APRENDIZAJE QUE NECESITAMOS. Y si ponemos atención, de modo general nos molestan siempre las mismas cosas. La gente cambia de pareja, de vivienda, de trabajo, pero si no atendemos aquello que nos detona, seguimos repitiendo los mismos patrones.

A la luz de la física, todo se explica como un proceso evolutivo. El origen de esa desconexión de pensar que el universo no tiene nada que ver con nosotros se debe a que somos los únicos seres que construimos esta idea del yo. Los animales no tienen yo, y como no tienen yo, no piensan que el mundo debería ser de otra manera. Esa desconexión hace que no nos reconozcamos como parte de ese proceso evolutivo. ESO EXPLICA TAMBIÉN POR QUÉ TENEMOS TANTO TEMOR A LA MUERTE. Mi identidad tiene que ver con la idea de mi propio individuo. Lo que se acaba con la muerte es la idea que tenemos de nosotros, no lo que somos, porque está probado físicamente que no se acaba. ¿Qué somos entonces? ¿La idea que tenemos de nosotros, que es lo que muere cuando morimos? O lo que somos, que es la energía de la que estamos hechos, que no la hemos creado nosotros, ni es nuestra, ni nos pertenece, y que, de alguna manera, según la ciencia, se transforma. Eso explica que le tengamos pánico a morir. Es dejar de estar: de ahí esa concepción trágica de nuestro destino, cuando en realidad es el final del ciclo de aprendizaje en este plano.

Muchas personas me preguntan si creo en la vida después de la muerte, o si creo que hay algo más, y yo les digo que eso no importa, que es irrelevante, porque de alguna forma termina siendo insustancial para EL AQUÍ Y EL AHORA, QUE ES LO ÚNICO QUE IMPORTA. Pienso que ese exceso de pensar en lo que nos espera nos distrae de lo realmente importante, que es lo que está en nuestras manos en este preciso instante para cambiar las circunstancias.

Lo esencial de este mensaje es que cada persona pueda reconocer su lugar ideal como fuente de aprendizaje. Más que talleres o libros, los aprendizajes están en la propia realidad, en el lugar en el que vivimos, el cuerpo que habitamos, en las personas que tenemos a nuestro alrededor. En la medida en que vamos haciendo esos procesos, se nos va mostrando también por qué hay personas que salen de nuestra vida, otras que permanecen y otras que siempre van a llegar. Una vez cumplen el propósito dejan de estar, no porque las alejemos, sino porque la correspondencia cambia. Por eso hay relaciones que se afianzan y otras que se acaban.

El propósito es aprender. Ese es otro rollo que hoy está muy distorsionado y es la idea de que el propósito tiene que ver con hacer algo en particular: escribir un libro, tener un restaurante, ser tenista, tener hijos, ser tal o cual cosa. EL QUE NO HA APRENDIDO A SER FELIZ CON LO QUE TIENE, TAMPOCO VA A SER FELIZ CUANDO TENGA LO QUE CREE QUE LE HACE FALTA. En ese orden de ideas es como darle la vuelta a la lógica de la vida, porque todo el mundo vive persiguiendo lo que cree que le hace falta sin llegar a valorar jamás lo que tiene.

Los "quiero" representan todo lo que no necesitamos. Lo que necesitamos es todo lo que tenemos, ahora, en la práctica. Cuando le damos valor a lo que tenemos y aprendemos, esa comprensión nos va haciendo correspondientes con un proceso de abundancia y expansión. Podríamos decir que la valoración de lo que se tiene es lo que permite que la abundancia fluya en la vida. ¿Qué genera escasez? El compromiso con lo que queremos. *LA ABUNDANCIA SE ORIGINA DESDE LA VALORACIÓN DE LO QUE TENEMOS, Y LA ESCASEZ SE DA CUANDO NUESTRA ENERGÍA ESTÁ EN FUNCIÓN DE LO QUE QUEREMOS.* Nunca nos enseñaron que la forma de progresar es la valoración y el compromiso, no el deseo y el estar vacíos, que es una eterna insatisfacción. Si somos capaces de entender esto, aumentará nuestra capacidad de disfrutar y gozar en nuestro campo de creación.

Querido Santiago

Comencé a escribirme para salvarme de mí mismo, para tratar de desactivar esta forma automática y errática de vivir que he practicado por tantos años. Comencé a escribirme para cuestionarme, para recordarme, para repensarme y, finalmente, para poco a poco lograr amarme.

Cada carta la escribo de acuerdo con lo que estoy viviendo, en cada una expreso lo que me duele, lo que me toca, lo que me conmueve y lo que siento que necesito integrar para poder ofrecer algo mejor, en especial a aquellos que comparten la vida a mi lado y padecen el precio de mis sombras y mis muchas limitaciones. Escribo con la esperanza de ser útil y de que quizás alguien más, algún día, pueda tachar el Santiago de cada carta y escribir su nombre, para sentir que, aunque tal vez estemos lejos, jamás estamos solos.

Algunas veces me desahogo, me quejo, me desordeno, me replanteo, dudo de mí y de mis pasos, de mis roles como esposo y papá, como amigo, como hijo. Me cuestiono por mi materialismo, mis frivolidades, mis contradicciones y mi falta de coherencia. Soy consciente de que la contradicción está allí en el corazón mismo de la existencia humana, de este constante habitarnos a nosotros mismos y observarnos en comunidad, de preservarnos en la soledad de nuestras verdades y expandirnos hacia la comprensión y la conexión con los demás: ese inmenso universo del que hacemos parte, del milagro, que, sin lugar a dudas, es esta cuestión fabulosa de estar vivos. Así que aquí vamos, una palabra, un pensamiento, un pálpito a la vez. Estoy seguro de que, si resonamos juntos en esta hermosa locura, todo tendrá quizás un poco más de sentido y entre todos haremos de este un lugar que algún día podamos llamar hogar para toda la humanidad.

> ** Escribirme a mí mismo ha sido una herramienta potente y transformadora. Después de cada carta encontrarás un Querido_____ para que escribas tu nombre y escribas tu propia carta. Tal vez lo que más ilusión me hace es que este libro lo escribamos juntos, que sea tan tuyo como mío y que podamos aprender acompañados.

LO QUE NUNCA SERÁ

...Y esa vida que tenés
y que tantas veces te parece
una pesadilla,
para muchos
seguramente
sería el sueño
que más anhelarían...

Querido Santiago:
Si no es lo que quieres, suéltalo. Si no lo cuidas, si no lo respetas, si no lo honras con tu esfuerzo y dedicación, entonces, suéltalo.

¿Alguna vez te has puesto a pensar cuántos darían lo que fuera por tener eso de lo que tú tanto te quejas? ¿Cuántas personas esperando un órgano para poder vivir, tener piernas para correr, ojos para abrir? ¿Cuántas personas que sueñan con tener hijos y tú quejándote de los tuyos? ¿Cuántos soñando con una pareja y tú lamentando haber perdido la libertad? ¿Cuántos queriendo un trabajo y tú rezongando del tuyo?

Así que, si no es lo que quieres, suéltalo; deja que tu pareja encuentre quien la valore y se muera por ella. Deja que tus hijos encuentren quién los acompañe y les enseñe con amor, paciencia y disfrute; deja que en tu silla se siente alguien comprometido y dispuesto a dejar el alma cada día y en cada tarea. Dale, suéltalo. Hazte a un lado y deja que alguien viva con amor la vida que tú desperdicias cada día. Que alguien llene de gratitud lo que tú atiborras de quejas. Que alguien tenga el talento para vivir lo que tú no has sabido valorar; y mientras tanto, quédate tranquilo, sentado plácido con tu "cara de culo" esperando con ansias que llegue, por fin, el día que tanto sueñas. El día en que todo sea como tú quieres. Un día que, de antemano lamento informarte, jamás llegará.

Querido _____
_____
_____
_____
_____
_____
_____
_____

SOBRE EL OFICIO DE SER PAPÁ

No conozco mayor asfixia que la que resulta del vanidoso anhelo de ser ejemplo e inspiración. No hay soga que más apriete el cuello que el soslayado narcisismo que, queriendo posar de virtuoso, distrae la mirada hacia el mundo con aparente benevolencia y elevados ideales, incapaz de reconocer la propia ceguera y con el convencimiento ignorante de que son los otros los que necesitan despertar.

Querido Santiago:
Eso de ser ejemplo es quizá la empresa más sofocante de la que tenga registro en tantos años siguiéndote los pasos (si se pueden llamar pasos a varios de los tumbos que he presenciado). No pierdas el tiempo y la energía persiguiendo imposibles, si bien alguna quimera es útil de vez en cuando para encontrar el brío y recuperar la ilusión, es al final el reposo de los años lo que va separando con paciencia los conceptos entre la ignorancia y el conocimiento. Tal vez lo intuyas, o quizá quieras creerlo —aun sin comprenderlo como un bálsamo para tu preocupación—, que tus hijas te escogieron como papá, y si bien podrías arraigarte a los caprichos del destino para justificar lo que los une, es improbable que el universo —que desborda de perfección— pase por alto un vínculo que es a la vez sublime y lapidario.

Renuncia a la idea de enseñarles y dedícate a aprender. Observa con paciencia y silencio su alegría fácil, su descuido por las formas y los deberes del mundo, sus sonrisas sin cálculo y su amor por andar sin ropa y sin prejuicios por un mundo que vomita reglas, preceptos y filas que no terminan y que todos hacen sin saber adónde van. Tómate el tiempo para abrazarlas y dejar la vida en ello, con la esperanza de que esos abrazos queden en su recuerdo para que te encuentren cuando no estés.

Presta atención y continúa con disciplina tu trabajo, encárgate de limpiar tu propio espejo, trabaja siempre sin esperar nada diferente a ser capaz de amar tu oficio, porque entonces ellas podrán reconocer en ti, alguien que sin saberlo les mostró el amor por limpiar.

Querido _____

SER IMPORTANTES

...Y entonces decidimos llamar importante al que vive la mayor de las miserias, al que teniéndolo todo le falta el tiempo, que es lo único vital, a ese que llama vida a la danza frenética de perseguir sin alcanzar, a quien vive en una competencia sin tregua que lo hace sentir indispensable en cada lugar al que llega, pero en el que nunca en realidad está, a ese para el que el día nunca alcanza y que tiene por hábito el afán.

Querido Santiago:
¿Acaso no has notado que vives corriendo hacia todas partes y al mismo tiempo a ningún lugar? ¿Que tu vida pareciera algo que, con urgencia, necesitas poder olvidar? ¿Que vives anestesiado persiguiendo anhelos sin llegar a disfrutar de nada en realidad?

¿Qué es eso que tanto buscas que no se te haya dado ya? ¿O es que acaso crees que cuando ya no quede tiempo, algo de aquello que hoy te inquieta al final importará? ¿Por qué vives, querido amigo, dejando para luego lo que no se puede postergar?

¿Quién te hizo creer que eres importante por lo que haces y posees, y que no basta con lo que eres en realidad? ¿Quién te metió en la cabeza que el valor está en lo que logres, lo que conquistes y lo que demuestres? ¿A quién podrías responsabilizar del atropello de vivir como un mendigo con un saco, que, por estar roto, jamás podrás llenar?

No hay tiempo para los abrazos,
los besos, mucho menos para conversar;
ni espacio para el baile, el silencio
y la dicha simple de tan solo respirar,
pero, por el contrario, te sobra para la crítica, el juicio y el deseo;

al parecer estás muy ocupado con lo que crees importante,
y no te has dado cuenta cómo has descuidado,
con rigurosa negligencia,
lo que es en verdad fundamental.
Respira, querido amigo; de resto, nada de lo que crees tan importante lo es en realidad.

Querido _____

HACERSE CARGO

No es suficiente con enunciar y discernir sobre lo que lastima, desgasta y destruye. Más bien, es necesario y urgente pasar del discurso a la acción, porque aun cuando en el estiércol hay un gran potencial para ser abono, sin trabajo y esfuerzo que lo transforme, la mierda seguirá siendo mierda y las palabras y promesas jamás llegarán a ser jardines.

Querido Santiago:
No confundas el discernir y el analizar con hacerte cargo, ni con tomar responsabilidad. Que no te desvíen los discursos y las formas de los resultados y de tu propia realidad.

Es muy distinto hablar de jardines y de flores a untarse las manos de tierra y aprender a sembrar. No te frustres, amigo mío, que, aunque a veces todo parece estar mal, aunque te caigas mil veces, aunque a veces sientas que ya no quieres ni tienes con qué luchar, levántate, muchacho, que la vida pasa y no hay tiempo para volver atrás.

Lo más importante es siempre volver a comenzar. Sigue creyendo y apostando siempre por ti. Sigue, aunque a veces no sea claro hacia dónde. Sigue. Cuando sientas que ya no hay camino es cuando de verdad se aprende a caminar.

¡A mover el culo papito, upa, pues, a camellar!

Querido _____

DEL AMOR Y OTRAS DISFUNCIONES

Cómo nos gusta hablar de amor y convertirlo en argumento para justificar nuestra ignorancia, cómo nos gusta la idea de perseguirlo y regodearnos en el aparente confort que genera alcanzarlo. Es fascinante ver cómo, en nombre del amor, se maltrata, limita, controla y castra. Pareciera que construimos un mundo en el que la realidad no importa, mientras las miserias estén sostenidas con palabras bonitas. Cómo nos gusta construir jaulas, al mismo tiempo que nos llenamos la boca hablando de libertad.

Querido Santiago:

¿Has notado acaso cómo, en nombre del amor, se cometen las acciones más viles? ¿Cómo, apelando al amor a la patria, estallan guerras? ¿Cómo, por amor a la pareja, se justifican y enardecen los celos y la idea de someter y gobernar al depositario de dicho sentimiento? ¿Cómo, supuestamente por amor, se les transmiten a los hijos vacíos y sesgos de los padres —que de padres solo tienen el título—, pues en la práctica a menudo son más infantiles que los pequeños a quienes irresponsablemente custodian?

¿Has notado, entrañable amigo, cómo acumulas cada vez más un cuantioso historial de agravios con quienes dices amar? ¿Por qué el precio de tu amor es tantas veces el conflicto, la lucha y el vacío? ¿Por qué aquellos que amas resultan siendo al final esclavos de tus implacables expectativas?

Si te tomaras tan solo un minuto, y en vez de argumentar y sentirte ofendido por lo que planteo intentaras comprender que el precio de tu amor es en realidad devastador, sabrías que, de esa manera, no vale la pena que ames a nadie.

Resulta confrontador saber que lo que amas de los otros es en realidad aquello en lo que quisieras que se convirtieran. Así, tu supuesto amor es más bien tu ego que ejerce, caprichosamente, el autoproclamado e imaginario derecho a cambiar a los demás.

El amor no tiene nada que ver con eso; se trata, en realidad, de todo lo contrario: la renuncia suprema al egoísmo de querer cambiar al otro. En ese orden de ideas, el amor resulta poco atractivo para quien le teme a vivir sin esperar.

Es imposible saber lo que es mejor para otro, cuando tantas veces no has sabido reconocer que siempre has tenido lo que necesitas.

Querido _____

EL TIEMPO

Cómo es de jodido cantar que *"veinte años no es nada"*, entendiendo de verdad de qué se trata la canción. El tiempo es un alquimista misterioso e implacable que recuerda en cada minuto la condena y la maravilla de existir.

Querido Santiago:
Me ha parecido divertido ver cuánto tiempo te ha tomado descubrir que no eres inmortal. Te observo con ternura mirándote al espejo y encontrando nuevos surcos en la frente, y pelos blancos en lugares donde no se habían reportado jamás. Así es, querido amigo: la vida está pasando y no hay marcha atrás. Sé que desde que llegaron tus hijas sientes que cada día crecen sin piedad, recordándote que fue apenas ayer cuando el niño eras tú y veías la vida a través de los lentes del asombro y la ilusión. Entiendo la nostalgia por el paso del tiempo, pero, muchacho, también tengo que decirte que hoy me gustas mucho más.

El tiempo revela fielmente lo aprendido, trae reposo y corre el velo de aquello que creíste importante para dejar al descubierto la verdad. Me gusta que estés aprendiendo a vivir, disfruto ver cómo hoy ese carácter de niño malcriado no te enorgullece, y cómo le clamas a tu alma para reencontrar la ternura, la certeza y la convicción. Es lindo ver que, aunque te gusta hablar y lo sigues haciendo —en ocasiones de más—, cada vez entiendes mejor la importancia del silencio y de saber escuchar.

Me gusta verte mirar tus cicatrices con respeto y honor. Es lindo ver que perdiste el pelo y también las ganas de tener la razón; ahora, aquí entre nos, para mí siempre vas a ser un niño y te confieso que, de todo, es lo que más me gusta de ti.

¡Crece tranquilo, muchacho! Que los años lleguen, llenando la cuenta de humilde dignidad, que lo que eres ni envejece ni muere, solo se revela y te recuerda de dónde vienes y en dónde nos vamos a volver a encontrar.

Querido _____

SOLTAR

Las personas no se sueltan, lo que se suelta es la idea de tenerlas, la ilusión de que alguna vez te pertenecieron. El amor es un milagro que solo es posible en ausencia de la palabra "mío".

Querido Santiago:
Extrañaba escribirte, aunque confieso que cada vez disfruto más de simplemente observarte en silencio.

No es posible amar con miedo. Lo que llamas amor es usualmente la costumbre de necesitar al otro, costumbre que por demás irremediablemente termina convirtiéndose en temor a perder. ¿Cómo se puede perder lo que no solo no te pertenece, sino que jamás ha sido tuyo? Ni eres, ni has sido ni serás jamás dueño de nada; así pues, el despojo del ego, mi querido amigo, es al mismo tiempo la riqueza infinita del alma.

No temas, pues la vida solo quita lo que sobra, y lo que sobra son solo los velos que no te permiten amar. No se puede amar y necesitar a alguien al mismo tiempo. La necesidad es mezquina y pendenciera, empequeñece y limita, destierra y socava.

Así pues, querido amigo, lo que consideras tuyo es el origen de toda tu pobreza y la razón del desgaste banal de todas tus luchas. Nada te pertenece y al mismo tiempo eres parte de todo. ¿Por qué es tan difícil de comprender?

No te desgastes en tu empeño de alcanzar y poseer. No limites ni construyas jaulas que por suntuosas no pierden su condición de cárceles. Renuncia a ti y, solo entonces, querido amigo, podrás darte cuenta de que lo que temes es algo que en realidad jamás podrás perder.

Querido _____

SUFICIENTE

No siempre más es mejor, no todo tiene que ser ni más grande, ni más fino ni más nada; no todo necesita ser medido, comparado y rotulado. No tienes que probar ni demostrarle nada a nadie, ni siquiera a ti mismo —que es la excusa del que, compitiendo, teme ser notado—. ERES SUFICIENTE Y CON ESO BASTA.

Querido Santiago:
Es curioso ver como tú y tus hermanos (creo que sobra aclarártelo, pero me refiero a la humanidad entera, no a quienes comparten tus apellidos) parecen no haber entendido que son parte de lo mismo. Mantienes un afán compulsivo de medirte, de demostrarte, de hacer listas interminables en las que el orden descendente va tiñendo de vergüenza a los que reposan en el culo de la publicación.

La mayoría parece vivir cargando frustraciones ajenas, sueños prestados, anacrónicos y banales. ¿Quién te metió en la cabeza que necesitas ser mejor? ¿Mejor que quién? ¿Qué es mejor? ¿No has notado, mi entrañable compañero, que no ha existido ni existirá alguien como tú, que ese es tu regalo y tu don, que esa es la magia que se te ha dado y que desperdicias cada día en comparaciones sin utilidad y sin sentido?

Por más que desde que te conozco profesas una rebeldía contra las reglas del mundo, tú y yo sabemos que eres un esclavo de lo establecido, una marioneta del "qué dirán", uno más en la fila que no lleva a ningún lado. No necesitas rebelarte contra el mundo, querido amigo; el problema siempre has sido tú. El único molde que necesitas romper es el que decidiste usar para ocultar lo que en realidad eres. Sin embargo, no te preocupes que nunca es tarde, el tiempo no se ha perdido, se invirtió en poder reconocer lo que no eras, así que el día es hoy y el momento es ahora, lo que te espera afuera no es una competencia, sino una sinfonía.

No olvides que para mí eres y serás siempre suficiente.

Querido _____

EN EL NOMBRE DE DIOS

En mi opinión, para hablar en nombre de Dios solo se necesitan dos cosas: una enorme arrogancia y una ignorancia proporcional.

Querido Santiago:
A buen entendedor pocas palabras.

Con todo el cariño y absoluto respeto por todas las creencias y formas de ver la vida, estoy seguro de que cada quien interpretará lo que escribí desde su propia capacidad de comprensión, que sin importar la que sea, es perfecta y acá será respetada.

Lo que escribí no tiene en lo absoluto que ver con fe, credos o religiones de ninguna índole.

Querido _____

DE PARQUES Y VICIOS

Cómo sería de bueno que nos quitáramos ese vicio culo de andar aventando juicios propios y opiniones no pedidas en perfiles ajenos. ¿Y si el perfil es público? Los parques también y uno no tiene por qué andar cagándose en ellos.

Queridos:
A los puritanos, adalides de la moral, la ética y los valores, a los embajadores del Señor en la Tierra, a los eruditos, iluminados y consejeros, con mucho amor los invito a dar misa en su casa y a seguir llevando su luz a donde se las pidan.

Estoy seguro de que, si aplicaran sus sermones, no tendrían que andar pendientes de ninguna vida diferente a la propia.

Y que gracias...

Querido _____
_____
_____
_____
_____
_____
_____
_____
_____
_____

DEJARLOS SER

Parafraseando las palabras del gran Anthony de Mello, cuando uno intenta enseñarle a cantar a un cerdo, se pierde el tiempo y se estresa el cerdo.

Querido Santiago:
De vez en cuando un berrinche no está mal. Es lógico que te duela el ego, que cuando se tiene, duele. Por si acaso lo olvidaste, tú tienes el tuyo, querido amigo, y su tamaño es proporcional a tu sufrimiento.

Es normal y acorde con tu nivel de conciencia que experimentes el dolor del juicio, la implacable sentencia y la despiadada crítica de esos que conscientemente se consideran a sí mismos impolutos y evolucionados. Es normal que te duela la descalificación y sientas el filo del puñal del juicio ajeno. Lo único que puedo decirte es que uses tu sufrimiento para aprender y así evitar infligirlo a otros. Trabaja en ti lo que no te gusta de los demás, y no pagues jamás con la misma moneda.

Así que ánimo, y como tú dices, a mover el culo, que se vale caerse, pero no está permitido quedarse en el suelo. Hoy es un nuevo día que podrás usar para cantar con esos que resuenan con tu voz, con esos que cantan diferente, pero suman y enriquecen las melodías, con todos los que entienden que la partitura es escrita por un solo autor.

¿Que qué haces con el resto? Déjalos ser, permíteles vivir a su gusto y forma, no hagas ruido y no perturbes la comodidad de sus convicciones. Te guste o no, son tan válidas como las tuyas; si te estresas es porque sin duda tú también has sido un cerdo al que alguna vez intentaron enseñarle a cantar, así que tranquilo que, aunque a veces no lo comprendas, siempre todo está bien.

Querido _____

REFLEJOS

No reconozco mérito alguno en amar, reconocer y honrar la belleza de los que se comportan conforme a mis deseos. Son quienes hacen evidente mi ignorancia y mis carencias los que realmente me enseñan a lo largo del camino qué me falta por recorrer, y el lugar al que necesita con urgencia dirigirse mi amor.

Querido Santiago:
El desarrollo espiritual se puede evaluar por la capacidad de reconocer la belleza. La belleza propia y ajena, que al final es solo una. No me refiero a la belleza del concepto, el empaque y la figura, sino a esa que se oculta detrás que lo que creemos que somos. A mayor comprensión, mayor capacidad de ver la realidad que está detrás de los vestidos remendados de nuestros egos. Todos somos el reflejo del mismo amor que nos dio la vida. Estar despierto es poder reconocer al otro, no como otro sino como una extensión propia, y al mismo tiempo, reconocer lo que soy parte de todo.

Que nada te distraiga, que nada te desvíe, que ahí donde más resistencia, aversión y juicio pones, es donde más amor necesitas entregar. Puedes seguir pagando el precio amargo de tu soberbia y vanidad, pero en el fondo sabes que el amor es el remedio, y su ausencia, tu única enfermedad.

Un paso a la vez, amigo, no hay afán. Lo único que no está permitido es detenerse.

Querido _____

CRECER SIN CRECER

Y con el paso de los años, me convertí en ese que de niño prometí no llegar a ser nunca. En un adulto que cambió los juegos por los juicios, la inocencia por la desconfianza y la frescura del asombro por la hiel de la vanidad.

Querido Santiago:
¿En qué te has convertido? A veces te miro y me cuesta reconocerte, o es que ¿acaso olvidaste que de niño prometiste que cuando crecieras nunca serías así?

Te preguntarás quizás a qué me refiero. Irritable, preocupado, obsesivo, ansioso, verdugo de los que amas, tirano con tus exigencias, insaciable, cínico y mordaz.

Podrías decir que estoy siendo más duro de la cuenta, pero tómate un momento y piensa, reflexiona y contéstate a ti mismo: ¿Por qué has convertido en una tarea imposible tu felicidad? ¿Qué más necesitas que no se te haya dado ya? Estás respirando, querido amigo, tu corazón late con fuerza pidiendo a gritos que recuerdes y celebres el milagro de estar vivo. Los pájaros sin falta elevan su vuelo a ver si concedes un minuto de tu afán sin sentido para contemplarlos. Aquellos que dices amar viven esperando un espacio en tu agenda para una risa cómplice, un gesto de ternura, si acaso un minuto de silencio, un abrazo de verdad.

¡Recupera tu inocencia, compañero!, tu cariño fácil y espontáneo, la risa sin sentido, el amor por la vida con todo lo que implica. Redescubre tu valor, el amor por ti mismo, por la tierra y sus criaturas. Recupera tus sueños, no los sueños imbéciles del ego, sino los que eran del niño y que solo recordaban el lugar de dónde vienes, y al que aun sin saberlo te diriges. Tienes una deuda contigo, con nadie más, te debes ser feliz sin motivos. ¡Te debes ser feliz porque sí y punto!

Querido _____

SOLO EMPAQUE

El único problema del *outfit* es que no oculta el *infit*. (Recuerda que la vanidad es inversamente proporcional a la autoestima. Antes de cabrearte, piensa y verás).

Querido Santiago:
¿Y si en vez de justificarte, te cuestionas? ¿Y si en vez de parecer, comienzas a ser, sin adornos, sin distracciones, sin argumentos?

La obsesión por la forma solo oculta el vacío enorme del que necesita parecer algo, porque desconoce profundamente lo que en realidad es.

Recuerda quién eres, querido amigo, y que lo de afuera no te haga olvidar lo que llevas dentro.

Querido _____

SIN REJAS

Lo que se ama no se posee. Lo que se ama se contempla, se respeta y se deja ser en libertad.

Querido Santiago:
No encarceles, no limites, no exijas, no juzgues, no construyas jaulas con excusas sofisticadas y pretenciosas.

No hables de amor; en lugar de eso, ama, y para amar debes renunciar a ti.

¿Que cómo vas a renunciar a ti? Me refiero a lo que crees que eres, querido amigo: renuncia a tus deseos, tus creencias y tu ignorancia, porque detrás de eso reside el amor que enuncias, pero desconoces.

Ama porque el amor es el único remedio, el único camino, lo único que hay. Ama porque sin amor el resto es vacío, argumento, prosa, condena, necesidad y miedo.

Para amar hay que morir, amigo. El amor es para valientes, y a ti, por lo que veo, no te interesa amar, sino escribir sobre el amor.

PD: Mis críticas son para mí, entonces, ¿para qué las comparto? Porque tal vez existe alguien, que, como yo, ha sufrido el peso de su propia ignorancia y quisiera que ese alguien sepa que no está solo.

Querido _____
_____
_____
_____
_____
_____

TODOS VENIMOS DEL MISMO LUGAR

Me tomó muchos años entender que todas las personas son hermosas sin importar el empaque en que estén envueltas, y no me refiero a la obviedad de la imagen. Quien aprende a mirar más allá de los velos que nos cubren, encuentra siempre belleza, y quien consigue contemplar la belleza, se enamora de sí mismo, de los demás y de la vida. Y una cosa es vivir y otra muy distinta es vivir enamorado.

Querido Santiago:
Que las que llamas malas formas no te distraigan de la verdad. Que los demás no se comporten de acuerdo con tus expectativas, no les quita valor.

Detrás de cada ser humano existe la misma verdad, la misma belleza incorruptible e infinita, pues todos venimos de la misma fuente, querido amigo.

Si bien es cierto que la conducta humana puede estar llena de agresión, mezquindad, venganza, indolencia y avaricia, ninguna de ellas puede ocultar la verdad. Del mismo modo en que una obra de arte puede llenarse de polvo y barro —al punto de hacer imperceptible su belleza—, así también podemos escondernos en nuestros tropiezos y aun así no perder el valor. Así que detrás de tu propia mugre también habita esa belleza, muchacho; dedícate con paciencia y determinación a limpiar lo que no te permite verla, la compresión de la vida —y el amor que la sostiene— te mostrará siempre la forma y el camino, y cuando encuentres en ti eso que tanto buscas, será imposible dejar de verlo en los otros. Es más, cuando eso ocurra, dejarán de ser otros, pues los reconocerás como parte tuya. Ese día, muchacho, tu vida será otra y por fin podrás comprender lo que significa eso de que *la belleza está en los ojos del que mira*.

Querido _____

ENTRE TÚ Y YO

Cada quien, a su tiempo. Cada cual, a su manera, a su ritmo, con su propia cadencia. El amor no es más que el respeto absoluto y la renuncia total a querer cambiar o interferir en esos tiempos y maneras. "Te amo" significa te acepto y te respeto como eres. Significa que no te necesito, que no eres mío, ni me perteneces, ni me haces ni te hago feliz. Entonces puedo elegirte para compartir lo que soy y descubrir lo que somos juntos, para aprender lo que tengas que enseñarme, para aprender a reconocerte sin juzgarte, para darte alas, mostrarte el cielo y celebrar tu vuelo, así te lleve lejos de mí.

Querido Santiago:
Ojalá algún día la mires y le puedas decir de corazón: "No tienes ninguna obligación conmigo, solo te pido que nunca te quedes porque te toca y que siempre te elijas a ti".

Querido _____

DE CULPAS Y CASTIGOS

Tal vez lo más bonito del amor es que acaba con la culpa y la reemplaza por responsabilidad. La culpa solo invita al castigo, al juicio y la victimización. Te centra en el error y no en su causa, lo que generalmente asegura su repetición. La conciencia, por el contrario, permite identificar el porqué y el para qué de lo que sucede, mostrándote con claridad la parte que te corresponde de los resultados de tu vida. La conciencia te muestra de qué necesitas encargarte y cómo hacerlo. Cuando eres consciente no hay culpables, hay un responsable que puede asumir y, si es posible, reparar o por lo menos no repetir. Ser consciente es darte cuenta de que eres el problema y al mismo tiempo la solución.

Querido Santiago:
Rompe las cadenas de la culpa, ese sofisticado mecanismo de tu ego que te hace creer que estás trabajando cuando en realidad eres un esclavo del pasado, de tus juicios y de la falsa idea de justicia que habita en la ignorancia de tu mente.

Despierta, muchacho, y date cuenta, reconócete como responsable de tu vida, pues en ella solo hay lo que has permitido, lo que has deseado y lo que tú mismo has creado.

No te distraigas tratando de romper los moldes del mundo cuando en realidad el único molde que necesitas romper es el impuesto por tus creencias y tus expectativas. Ni te culpes, ni culpes a nadie: aprende, reconoce, encárgate y transforma.

Querido _____

SABERSE VIVO

A veces solo quisiera dejar de querer, de esperar, de anhelar, de pretender, de alcanzar, de conseguir y de necesitar. Quisiera abandonar la idea infantil de que algún día las cosas serán como quiero. Quisiera tan solo dejar de querer, para que, entonces, tal vez, pueda llegar a saber cómo se siente en realidad "vivir".

Querido Santiago:
No hay ideal más alto que vivir y darte cuenta de que estás vivo. No hay propósito más noble que desarrollar la capacidad

de comprender el milagro que representa el latido del corazón, abrir los ojos, respirar.

La vida del ego es la vida de la lucha, la conquista, el logro y la permanencia. Su miedo a dejar de existir lo obsesiona con seductoras quimeras, como la de dejar una huella o transformar un mundo que lo que necesita en realidad es ser comprendido para poder transformarse.

Solo quería recordarte que no necesitas demostrarme nada; para mí nunca serás mejor ni peor que nadie: tú para mí eres, y eso es suficiente.

Camina más lento, muchacho, no hay afán en el mundo. El afán vive en tu mente loca, ahí al lado de la idea de que eres importante y que necesitas demostrar. Camina lento para que veas los milagros que están en el camino, y puedas ver el milagro mismo de caminar.

Eres millonario y no lo sabías, porque te aseguro que ni por todo el oro del mundo venderías este día si supieras que ya no quedan más.

Querido _____
_____
_____
_____
_____
_____
_____
_____
_____

RENUNCIAR PARA AGRADECER

Renunciar a lo que se quiere no es renunciar a todo, no es perder el sentido de la vida. La vida sin sentido es precisamente la de aquel que persigue sueños dormido, anestesiado, inconsciente, inconforme y siempre vacío. Renunciar a lo que se quiere es renunciar a la idea de que estás incompleto, a la ilusión y al capricho, a la idea infantil de que cuando tengas lo que quieras entonces al fin serás feliz. Quien renuncia a lo que quiere puede concentrar su atención, su energía y compromiso en lo que tiene y aprende a valorarlo. Vive en gratitud, y quien conoce la gratitud jamás está vacío, porque despertó.

Querido Santiago:
Que tu bandera sea el amor y tu canción la gratitud. No necesitas nada más, muchacho. Viniste a aprender a ser feliz por ti mismo, y te aseguro que nunca te ha faltado nada, pues la sabiduría enorme del universo siempre te ha dado lo que necesitas para aprender lo que debes.

Como dice la sabiduría popular: *Quien no ha aprendido a ser feliz con lo que tiene, tampoco será feliz cuando consiga lo que cree que le hace falta.*

Querido _____
_____
_____
_____
_____
_____
_____
_____

MIS DEUDAS

A los que no supe entregar mi amor, sino mis condiciones, a los que llené de juicios y señalamientos, a quienes impuse mi idea de cómo deben ser las cosas, a los que decidí hacer de lado por no ser como yo quise, a todos con los que no tuve la consideración de ponerme en sus zapatos antes de condenar su camino y ver que solo estaban haciendo lo mejor que podían, a esos para los que no tuve el talento ni la sabiduría de amarlos como se merecían; a ustedes, que son muchos, les adeudo la parte de mí que prefiere tener un amigo a tener la razón, que no le interesa el rencor ni el argumento. Si hoy no estoy a tu lado es porque no supe cómo hacerlo, porque no estuve a tu altura, porque no te amé como debía, sin condición. Yo también hice lo mejor que pude con la información que tenía, y hoy te pido perdón.

Queridos:
Estas palabras son para todos a los que no supe amar, a los que señalé, a los que descalifiqué. A los que me mostraron y me siguen mostrando la distancia enorme entre mi comportamiento y mis palabras.

Querido _____
_____
_____
_____
_____
_____
_____

ESE QUE FUI

Extrañar no siempre es malo. No hablo de ser melancólico. Me gusta cuando me extraño, cuando extraño a ese que fui y que no necesitaba nada para ser feliz, al que no exigía, al que no tenía que buscarle a todo el lado malo, al que no quería cambiar a nadie y no se sentía por encima ni por debajo de nadie, pues en todos reconocía a sus hermanos. Extraño lo que soy en realidad. A veces me asfixia este personaje tan bizarro, tan elocuente, a veces manipulador y a veces anodino, siempre arrogante y llenándose la boca al hablar de humildad. A veces me asfixia este al que por tantos años he llamado YO.

Querido Santiago:
Observo que, por fin, después de tantos años, te estás cansando de ti. Y no con ese cansancio adolescente que te sumía en fantasías, con las que te gustaba imaginar quién lloraría el día que no estuvieras más aquí, sino con el agotamiento digno de aquel que, dándolo todo, está seguro de que el camino no es luchar.

Cuando no hay nada que defender, todo comienza a pasar. La energía enorme que hasta hoy has invertido en lamentar, aleccionar y someter por fin podrá liberarse para amar. Usa esa energía para mirar con compasión a los que aún necesitan luchar, pues no eres nadie para señalar un camino que tú mismo transitaste con terquedad y negligencia.

Ahora es el momento de vivir, de reparar, de no repetir. Respira muchacho, como si en ello estuviese el propósito mismo de vivir. Despierta por fin de la ilusión de confundir la vida con el deseo frenético de llegar a alguna parte. No vas a ningún lado, porque eres parte de todo y lo único que puedes es reconocer pedazos de ti por donde pasas.

Querido _____

IRONÍAS Y HUEVOS

Les cuento que voy a lanzar un nuevo perfil cerrado y exclusivo para personas guapas, éticas y con buena ortografía. Sígueme en ROMPEHUEVOS. (Si eres feo, mediocre o no sabes usar las tildes, no insistas, no es para ti).

Querido Santiago:
Llegó la hora de poner las cosas en su lugar, así que, si eres apuesto, elegante, escribes con pulcritud, no te equivocas y tus evacuaciones carecen de olor, ROMPEHUEVOS es tu hogar.

Un perfil diseñado para tu confort, hecho a la medida de tu nivel de conciencia, donde podrás encontrar a otros como tú. Será un espacio rígido como tu mente, hecho a la medida de tus valores, donde el uso sofisticado del lenguaje y las formas te deleitará hasta quedar ahíto de placer.

Recuerda que en ROMPEHUEVOS el contenido es lo de menos. Aquí se trata de que todo sea impecable, pulcro, pulido y sensacional. Como tú.

PD: Recuerda que si haces uso del lenguaje procaz, alguna vez has omitido una tilde, has errado en el uso de una coma, has eructado, se te ha escapado una flatulencia o eres feo, no serás admitido. ¡Gracias por no insistir!

Querido _____

TÓXICO

Lo tóxico no es el otro, ni el jefe, ni la pareja, ni la comida, ni los amigos; tóxicas son nuestras elecciones, que al final solo reflejan nuestra ignorancia y esa brecha enorme que existe entre nuestras justificaciones y nuestros resultados. Tóxico no es nada diferente a nuestra adicción a vivir mal, o si no, entonces ¿cómo te explicas que aún sigas ahí?

Querido Santiago:
Cómo es de cómodo llamar tóxico a todo aquello que no coincide con tus expectativas. Te concedo que el término es atractivo y cumple esa función que tanto te gusta de poner los problemas por fuera de ti. La única verdad es que no hay personas tóxicas, querido amigo, hay personas con diferentes niveles de conciencia. Así pues, lo único tóxico que hay en tu vida son los conceptos que habitan en tu mente, con los que divides, juzgas, señalas y compites, en procura de usar la miseria ajena para construir un altar a tu soberbia.

Tóxicas son tus elecciones que muestran que tienes los resultados que te mereces, pues solo se cosecha lo que se siembra. Son tu afán y ceguera los que no te dejan comprender que tus palabras, pensamientos y actos dejan semillas. Tóxicas son las relaciones que has creado desde tu ego, pues ese no sabe hacer nada más.

ASÍ QUE LIMPIA TU MENTE Y NO TENDRÁS QUE LIMPIAR NADA MÁS. LIMPIA TU MENTE Y SABRÁS QUIÉN ERES Y PARA QUÉ HAS VENIDO A ESTE PLANETA.

LIMPIA TU MENTE Y VERÁS QUIENES SON LOS OTROS Y PODRÁS HONRARLOS, PUES SABRÁS QUE EN ELLOS VIVE EL QUE TE DIO LA VIDA.

LIMPIA TU MENTE, QUE TE FUE DADA COMO INSTRUMENTO, NO COMO AMO.

LÍMPIALA, PORQUE LO ÚNICO TÓXICO QUE HAY EN TU VIDA VIVE AHÍ, Y LAMENTABLEMENTE ESO ES LO QUE LLAMAS VERDAD.

Querido _____

EL CONFORT DEL INOCENTE

El sufrimiento también puede ser una zona de confort; nuestros dolores, agobios y lamentos nos son útiles de muchas formas y nos permiten eventualmente alcanzar ciertos objetivos. Si posar de víctimas no nos fuera tan útil, no usaríamos ese vestido con tanta frecuencia ni viviríamos tan apegados a nuestros presuntos victimarios.

Querido Santiago:
PASÓ HALLOWEEN Y RECORDÉ ENTONCES TU DISFRAZ FAVORITO,
ESE QUE POR TANTOS AÑOS HAS LLEVADO,
A LA ESPERA DE RECIBIR —EN LUGAR DE DULCES—
MIGAJAS DE CARIÑO Y SOBRAS DE ATENCIÓN.
ESE DISFRAZ CON EL QUE MANIPULAS
Y JUSTIFICAS LAS PARTES DE TI QUE SE RESISTEN A CRECER
Y A CONVERTIRSE EN LO QUE LES CORRESPONDE.

Sin tu vestido de víctima no podrías justificar tu mal genio por el comportamiento de otros, porque, según tú, no es que seas irritable ni energúmeno, sino que son los otros los que no están a la altura de la cultura, las buenas formas y la educación. Parece ser, mi querido amigo, que a tus 42 años sigues siendo un niño caprichoso y malcriado que espera que algún día el mundo se ajuste a tus deseos y pretensiones.

Ser víctima no es, solamente, mendigar afecto, amor y comprensión —cosas que también has hecho con disciplina y rigor—, sino escudarte de lo que sientes con los otros, sin llegar a hacerte nunca responsable de ti. Reconozco que es más cómodo vivir de esta manera, pero el precio de tu comodidad es enorme: el precio es que vivas como un esclavo en busca de conquistar a otros, cuando podrías conquistarte a ti mismo y ser libre para siempre.

Así que levántate de la comodidad de tus quejas y tus limitaciones, desafía tus viejas maneras para que surjan nuevos mundos, nuevas personas, nuevos errores, nuevos ojos para verlo todo por primera vez.

No reemplaces tu disfraz de víctima por otro disfraz, pues el de sabio, profesor o guía es igualmente lamentable. Mejor ve por la vida sin disfraz alguno, ligero y libre de ti, así podrás tener la certeza de que los que te rodean están contigo por lo que eres y por lo que pretendes, desde tu ignorancia, algún día, llegar a ser.

Querido _____

_____
_____
_____
_____
_____
_____
_____
_____
_____
_____
_____
_____
_____
_____
_____
_____

DE OTRA TIERRA

Aquel que se ocupe de valorar y agradecer,
 jamás tendrá tiempo libre para juzgar y destruir.
Aquel que pone su energía, dedicación y compromiso en lo que
 le corresponde, jamás tendrá un minuto libre para meterse
 en la vida de los demás.
Aquel que aprendió a aceptar y a respetar a los demás,
 renuncia a querer cambiarlos.
AQUEL QUE RENUNCIA A QUERER CAMBIAR AL OTRO, AMA, Y EL QUE AMA HABITA UNA NUEVA TIERRA Y HACE PARTE DE UNA NUEVA HUMANIDAD.

Querido Santiago:

Ocúpate de ti, solo de ti. ¿Te preguntas para qué sirven los otros?

Para amarlos, nada más.

Hoy es viernes, muchacho; sería lindo, que, aunque fuera solo por hoy, jodieras menos y amaras más.

Querido _____
_____
_____
_____
_____
_____
_____
_____

PARAR PARA PARAR

Parar para sobrevivir,
parar para comprender,
para mirar y digerir,
para respirar, para medir, parar para evaluar.
Parar para dejar de ser, de pretender, de mentir,
parar de tratar de encajar, de pertenecer, de esperar.
Parar y quedarse ahí, sin hacer, sin huir, sin tratar de cambiar.
Parar para comenzar a vivir.
A veces se necesita parar
y reconocer que en la vida hay cosas que solo se arreglan
    cuando se aprende a dejar de hacer.

Querido Santiago:
Ya sabes lo que te voy a decir, lo intuías, y aun así los argumentos, los números y los *quiero* fueron más fuertes. No pasa nada, compañero, así se aprende: sin creer que sabemos, sino metiendo la cabeza de lleno en el balde de nuestra ignorancia.

    Te lo advirtió tu cuerpo,
    con el cansancio,
    con la mente nublada,
    con la marca indeleble del sinsabor y el hartazgo.
    Pues ahora para, respira y comprende;
    para porque muchas veces se confunde hacer con vivir,
    y precisamente lo que se hace
    se convierte en anestesia para la vida y para el alma.
    Para ahora, que estás roto,
    y dale gracias a la vida que te permite el mayor de
        los placeres,
    el placer de recoger
    y juntar con paciencia los pedazos de lo que
        alguna vez fuiste.

Querido _____

LOOP

Volver a empezar,
volver a soltar,
volver a vivir,
siempre una vez más,
sin el yugo de la expectativa,
sin las ansias del resultado,
sin el peso del pasado,
sin la culpa por lo que no fue.
Volver a empezar,
para no ser nunca el mismo,
para crecer en lo que se puede,
pero, sobre todo, para aprender a ser más pequeño en lo que
 corresponde.
Volver a comenzar
para poder mirarlo todo como por primera vez
y darte cuenta que, si te tienes a ti, entonces lo tienes todo.

Querido Santiago:
Que se queden los que son y que los demás sean libres para poder encontrar aquello que buscan. Déjalos ser, comparte tu vida con los que tienen ojos para ver y celebrar el milagro de estar vivos, pero aprende sobre todo a respetar el sueño de los que duermen. Que tu ignorancia no haga demasiado ruido, que tu arrogancia no pretenda despertar a nadie. Pisa suave, querido amigo, que el camino es de todos y tú no eres nadie para decir por dónde, a qué horas o con quién.

Querido _____

ARTILUGIOS E ILUSIONES

Y al final de este espejismo de halagos ligeros,
de lisonjas postizas y cercanía conveniente,
quedarán los de siempre,
esos que no han necesitado motivos ni razones,
los que han estado a pesar de todo,
los que te aman porque sí
y son capaces de verte con compasión
a través de tus heridas,
sin usarlas como clavos que sostengan rótulos,
condenas ni juicios;

esos con los que no se necesitan las palabras,
porque en silencio
aprendieron a decir:
No tienes que hacer nada para que yo te quiera, aquí estoy y
 voy a estar, para que podamos seguir siendo.

Querido Santiago:
Qué lindo cuando se rompe el hechizo
y se cae en los brazos justos y firmes de la realidad,
qué lindo cuando la vida te muestra dónde, cuándo y con quién.
 PD: ¡No solo los cajones necesitan limpiarse!

Querido _____

DORMIR...

Es lindo trabajar por los sueños, defender quimeras y diluirnos en el romanticismo de lo que debería ser. Sin embargo, es imperioso despertar para ver la realidad. El mundo se derrite mientras la gente sueña con logros parroquiales. Las relaciones se destruyen mientras cada uno sueña con lo que el otro debería ser; nuestro cuerpo y nuestra salud se caen a pedazos al mismo tiempo en que soñamos con ser otros para poder, por fin, encajar. No necesitamos seguir soñando, lo que es urgente y necesario es que tengamos el valor de despertar.

Querido Santiago:
Soñar es fácil, no requiere esfuerzo alguno más allá de estar dormido; sin embargo, mi querido y pretencioso amigo, son solo aquellos que rompen el hechizo del sueño quienes pueden encontrar el valor para construir realidades.

¡A trabajar, muchacho, que para eso se te dio la vida!

Querido _____

POR SI TAMBIÉN TENÉS LA CABEZA PUNTUDA

Cuantas veces siendo niño me dijeron: "Haz lo que amas" y "Estudia para que cuando crezcas puedas hacer lo que quieras", en vez de: "Aprende a amar lo que haces" y "Aprende a servir con compromiso y sin condición, ahí donde la vida te ponga". Solo entonces conocerás la libertad y será el amor, y no tus deseos, el que marque el rumbo y el destino del camino; aprende a amar lo que haces y habrás despertado, pues reconocerás en cada persona, en cada experiencia y en todo momento, la voz de Dios por la que tanto clamas y a la que el ruido de tus caprichos jamás te permite escuchar.

Querido amigo:
¿Quién te metió en la cabeza que ser feliz tiene que ver con hacer lo que quieres? ¿En qué parte de tu puntuda cabeza puede caber la idea insulsa y subversiva de que algún día el mundo se alineará con tus caprichos? Me sorprende ver como a tus 43 años aún insistes en comportarte como un imberbe, demandante, obstinado y caprichoso. Que hayas sofisticado tus argumentos, y hoy en día tengas una mente llena de ideas y conceptos que la hacen cada vez más cerrada y soberbia, no es síntoma alguno de sabiduría y madurez. Aún, querido amigo, exiges, protestas y demandas. Aún tu ego tirano confunde argumentos con verdad. Aún te comparas, criticas e interfieres. Aún le das la espalda a lo que la vida te pone cada día al frente con amor infinito para que puedas aprender. Aún vive en ti la idea de huir para ser feliz y aún sigues siendo un niño que se resiste a crecer.

Haz de tu vida un altar, pues no existe tarea pequeña ni trivial. Llena de amor cada acción y pensamiento, agacha tu cabeza y sirve con orgullo y dignidad, pues lo entiendas o no, eres un instrumento en manos del creador de universo. Que tu lucha esté dirigida solo contra tu ignorancia, ambición y soberbia; que puedas vencer tu necesidad de imponer y de cambiar a los demás; que puedas aprender a rendirte para triunfar.

¿Cuántas veces rezaste: "Que se haga tu voluntad y no la mía", sin tener la menor idea de lo que estabas diciendo? Seguro tampoco te habías dado cuenta de que tu ego se llena la boca hablando de Dios, mientras tú vives dándole la espalda.

Querido _____

HABLAR DE AMOR

El amor comienza cuando los *quiero* se terminan.

Querido Santiago:
Qué cómodo es confundir el amor con convertir lo amado en lo que se desea; qué conveniente es la idea de creer que se sabe qué es lo mejor para el otro y, en nombre de la bondad, imponer, exigir y demandar. ¿No has notado acaso que es con esos que tanto dices amar con quienes, particularmente, más discutes, más chocas, y a quienes más hieres?

No, mi querido amigo, el amor no tiene nada que ver con tus deseos. El amor en realidad se trata de todo lo contrario: de rendirse, de renunciar a lo que se quiere para poder apreciar sin distorsión alguna lo que hay. El amor es la renuncia de querer cambiar al otro, es el espacio donde eso que se ama puede simplemente ser.

Así que el amor comienza cuando se termina el *"quiero que me quieras"*, *"quiero que me llenes"*, *"quiero que seas mío"*, *"quiero que te acomodes a mis carencias, mis vacíos y mi necesidad de ser importante para alguien"*. El amor comienza cuando se renuncia a la idea de poseer, controlar y exigir. El amor comienza cuando se entiende qué significa ser libre, y quien conoce la libertad entiende que ese es, tal vez, el único y el mayor regalo que se les puede dar a quienes amamos.

El amor no es tan atractivo ni embriagante como pensabas. De hecho, el amor es insoportable para el ego, por eso es que prefieres hablar de amor en vez de practicarlo.

> Querido _____
> _____
> _____
> _____
> _____
> _____
> _____
> _____
> _____
> _____
> _____
> _____
> _____
> _____
> _____
> _____

UNA IDEA DE SANAR QUE ENFERMA

¿No será que la obsesión por sanar puede ser también, de alguna manera, una enfermedad?

Querido Santiago:
Hay que aprender a estar en paz con las heridas, mirarlas con atención y sin prisa por borrarlas. Es fundamental comprender el camino que se labraron, así como poner particular atención al dolor que causaron. Hay que tener valor para verlas de frente, humildad para agachar la cabeza y estar atento a lo que vienen a enseñarte.

No es necesario repararlo todo. La idea de despertar, la compulsión por sanar, es muchas veces una trampa que usa el mismo que es el causante de cada una de tus heridas. Tu ego conoce lo atractivo que es hablar de espiritualidad, de conciencia, de amor y de Dios, así que aprende a distinguirlo cuando te hable con sus discursos elocuentes y bien estructurados. Recuerda que mientras estés presente, él no existe, y estar presente incluye reconocer la realidad y tu papel de protagonista en ella.

No esperes haber sanado para amarte, no esperes llegar a ningún lugar para agradecer. Acepta, comprende y sigue, que la vida no se trata de llegar a ningún lado, sino de aprender a caminar, reconociendo que las piedras y los tropiezos también son parte del camino.

¡Ánimo, muchacho, que yo te amo con todas tus heridas y cicatrices!

Querido _____

UNO MÁS

No existe tarea sin valor ni importancia. No hay oficio o función que no requiera virtud, compromiso y entrega. Cuán equivocados estamos al obviar que es a través de lo simple como llega a transformarse y a evolucionar lo complejo.

Querido Santiago:
¿A qué le llamas importante?

¿Cómo asignas el valor de lo que haces, si no es por el sesgo y las limitaciones de tu mente?

¿Quién te dijo, pretencioso compañero, que es más importante hablar en un escenario frente a los que reconocen en ti alguna capacidad, que hacerlo sentado en un andén frente a un desconocido que te recuerda lo más importante de la vida? Y es que eres solo uno más, uno igual que todos, y que esta verdad simple, que en principio pudiese parecer peyorativa, es en realidad un elogio inmenso.

¿Quién te dijo que tu valor está asociado a lo que posees, presumes o promulgas?

¿Quién te dijo que el cargo hace a quien lo porta y que el tamaño de un despacho puede compensar la estrechez de una mente o un corazón?

Déjame decirte, arrogante contertulio,
que no existe tarea pequeña
en este mundo abarrotado de espejismos e ilusión.
Aprende a dejar la vida en cada acto simple
y haz de cada uno un tributo lleno de sentido y verdad.
Déjate la piel en cada abrazo,
mira a los ojos que tienes al frente
como si nunca más

fueses a tener la oportunidad de volverlos a contemplar.
Barre, limpia, recoge, lava y cocina,
como si interpretaras una sinfonía,
y entonces las luces de la vida se encenderán para ti,
pues en todo encontrarás un motivo de gozo
y un argumento irrefutable para la gratitud absoluta.
No hay tarea pequeña, querido amigo,
el pequeño hasta ahora has sido tú…

Querido _____

LA LENGUA Y EL DERRIER

Entre más ignorantes somos, más convencidos vivimos de tener la razón. Entre más cerrada tenemos la mente, más abierta se mantiene nuestra boca. Entre más bajita tenemos la autoestima, mayor es nuestra vanidad y arrogancia. Este espejismo que llamamos YO no revela lo que somos, sino lo que en realidad nos hace falta.

Querido Santiago:
Estoy seguro de que estás familiarizado con la popular expresión: "La lengua es el látigo del *derrier*". Así que dime de qué presumes y te diré de qué careces. Eso que llamas Yo, es solo el disfraz con el que intentas exigirle al mundo que te entregue eso que por ti mismo no has sabido lograr.

Mantén la mente abierta y la boca cerrada, deja que el camino te enseñe a caminar.

Querido _____

SILENCIO MUCHACHO

¿Y si renunciáramos a la compulsión y a la manía de estar arreglando lo que no entendemos? ¿Y si renunciáramos a la idea tramposa de ser mejores y en lugar de eso nos concentráramos en conocer lo que somos, para comprender que en realidad no necesitamos ser mejorados sino descubiertos? ¿Y si en lugar de huir y renegar de nuestro malestar e incomodidad, lo miramos a los ojos y con humildad nos disponemos a escuchar lo que tiene para enseñarnos?

Querido Santiago:
Es en tu malestar donde se oculta lo que buscas y tanto anhelas. Es en tu sufrimiento donde se esconde el secreto que separa la ilusión de la verdad.

Así que aprende a callar, muchacho, y comienza a prestar atención. ¿Por qué sufres? ¿Qué es lo que te molesta en realidad? ¿Acaso aún no comprendes que no es el mundo lo que necesita ser cambiado, sino tu forma distorsionada de interpretar la realidad?

En tu mente vive tu verdugo, en tu ignorancia se encarna el único mal. Despierta entrañable amigo, despierta que ya no es necesario dormir más.

15 minutos de silencio al día, no te pido nada más, deja que el silencio haga su trabajo, pues llevas 43 años sin aprender a callar.

```
Querido _____
_____
_____
_____
_____
_____
_____
_____
_____
_____
_____
_____
_____
_____
_____
```

¿A QUÉ LLAMAS SER FUERTE?

Se es duro hasta que se conoce el poder de la delicadeza. Se usan las manos hasta que se descubre el poder de las palabras. Se usan las palabras hasta que se descubre el poder del silencio. Se lucha contra el otro hasta que se descubre que el problema es uno mismo. Se abandona la lucha cuando se descubre el amor.

Querido Santiago:
Hacer alarde de fortaleza es una muestra clara de debilidad interior. La rudeza es un recurso a todas luces innecesario para quien ha descubierto el inconmensurable poder que hay en la comprensión, la aceptación y el respeto. Al final no hay mayor victoria que la derrota del ego, y sin esta, cualquier ilusión de triunfo no será más que eso: ilusión.

Hablar duro, con desparpajo y bravuconería, querido amigo, no es síntoma alguno de valentía o determinación. No se necesita desarrollar ninguna capacidad diferente en el empeño de tener la razón y elevar la voz por encima de los otros para imponer la ignorancia de la que hace alarde el arrogante.

¿No estás ya cansado de ser este tipo? ¿De ser este personaje que se tragó el cuento de que el mundo le debe algo y por eso reclama un derecho inexistente a ser escuchado y ser merecedor de la atención de los demás? Tus discusiones sin sentido y tu incapacidad de escuchar sin intervenir no evidencian sabiduría ni idoneidad; por el contrario, exhiben sin velo alguno la terquedad y baja autoestima de aquel que no ha sabido ganarse el único respeto necesario para vivir con dignidad, que es el respeto propio.

Así pues, mi altanero muchacho, tal vez llegó el momento de atender otro llamado, una nueva voz, una que pide a gritos cerrar la boca y comenzar a abrir, por fin, la mente y el corazón.

Querido _____

_____

_____

_____

_____

_____

_____

_____

_____

SIN FONDO

Sal a comprar, llénate de cosas, mira cómo los cajones se llenan, cómo los ganchos se agotan, cómo los estantes se atiborran, cómo vas de moda en moda, tratando de encajar, de valer y demostrar. Y cuando ya no haya espacio para nada más, pregúntate bajito para que nadie más oiga, si con carros, carteras y lujos algún día finalmente vas a poder llenarte la cabeza y el corazón. Pregúntate si a pesar de tener el clóset lleno, el que sigue vacío eres tú.

Querido Santiago:
Viernes de *outfit*. Conversemos pues, simpático amiguito, de tu arribismo y necesidad de aparentar. De tu necesidad compulsiva de anhelar y desear cosas, y de cómo entre más tienes y consigues, más persigues y crees necesitar.

No hay *outfit* que te oculte el *infit*, pomposo compañero, y detrás de tu apariencia los dos sabemos el vacío que se oculta en realidad. La pobreza no consiste en lo que, según tú, te hace falta, sino en tu incapacidad de aprender a valorar. Por querer ser algo más, no te has dado cuenta de que ya lo tienes todo.

¿Qué tal si ponemos de moda dejar de aparentar, vivir de una forma plena y simple, renunciar a la idea de querer siempre más y más?

A mí me gustas más sin nada, me gusta cuando nada te distrae de lo que importa de verdad y te permites ser tú con todo lo que eso implica, cuando puedes renunciar al espejo para poder mirarte de verdad. Tu valor no está en el banco, no hay número que te pueda comprar, pero tú insistes en ponerte precio y en renunciar a tu esencia y tu verdad.

La vida es simple, compañero, lo que es complejo es tu vacío y tu vanidad.

¿Qué tal si ponemos de moda el ahorro, la economía circular, saber que lo que nos hace hermosos es ser lo que somos y que podemos renunciar a la necesidad de encajar?

Querido _____

UN CAMINO PARA TODOS

No tenemos que estar de acuerdo, no necesitamos ver la vida igual, con que aprendiéramos a respetar la dirección, el ritmo y el andar del otro sería suficiente. No tenemos que atacarnos, no somos enemigos. Qué lindo sería comprender que el camino es suficientemente amplio para recorrerlo sin necesidad de pisarnos los unos a los otros, y qué bonito sería aprender a caminar en paz.

Querido Santiago:
Es en la diferencia donde se reconoce el trabajo personal; es ante la incomodidad, el juicio despiadado y el comportamiento disonante que se pone a prueba qué tanto se ha comprendido y cuánto trabajo falta en realidad.

Ahora que te veo con más reposo, tal vez sean los años, tal vez el cansancio contra el que tanto luchas, tal vez tantas rupturas y desencuentros, tantos improperios lanzados y juicios lapidarios hicieron su trabajo y por fin te permitieron agachar la cabeza y reconocer el sinsentido de tu postura de auditor omnipotente de la conducta ajena y la vida de los demás.

Hoy que tantos te crucifican sin conocerte, que toman tres frases para desacreditar lo que haces y lo que eres, hoy que contra tu cara se estrellan cada día los mismos calificativos con los que por tanto tiempo rotulaste a los demás, hoy, querido amigo, tal vez estés listo para volver a comenzar. Tal vez estés listo para construir puentes en vez de cavar abismos. Tal vez estés listo para procurar que tus palabras no lastimen. Tal vez ahora puedas aprender a vencer la tentación a la réplica, al debate y a la necesidad de humillar. Tal vez hoy puedas ver con aceptación que alguno pise tu nombre a sabiendas de que eso no es lo que eres, y puedas sentir compasión por ese que como tú (lo estuviste) también puede estar lleno de rabia y dolor.

¿Cuál es el mérito de vivir en armonía con los que te celebran y respetan? Es fácil, querido amigo: vibrar alto entre halagos y aprobación, pero tú mismo eres tu crítico y juez más implacable, el que te muestran el camino y pone a prueba tu convicción. Permite que cada quien sea, y que cada quien siembre lo que espera recoger. Mientras tanto, revisa tu cosecha, amigo mío, pues los juicios y sentencias que hoy recibes brotan de tu historia y tus luchas sin razón. Asume lo que te corresponde. Admira en los demás lo que te sirva para crecer y aprende de aquello que no te nutre, para no pagar a otro con la misma moneda que, ahora sabes, solo trae amargura y dolor.

Querido _____

SIN DERECHOS

Vivimos luchando por nuestros derechos, pasando por encima de los derechos de los demás.

Querido Santiago:
Esta es tal vez la práctica más dañina en cualquier tipo de relación, empresa, pareja, familia o sociedad. Pareciera que todos en este planeta tienen conciencia plena de sus derechos y de cómo deberían funcionar los demás, pero esa sabiduría no aplica a la hora de reconocer los deberes y los compromisos asociados con las elecciones que cada quién ha hecho en libertad.

Ojalá tuviéramos el mismo ímpetu y energía para mejorar nuestro servicio y ser un ejemplo para el otro: para el ciudadano, el cliente, los hijos y el mundo en general.

No se puede cosechar lo que no se ha sembrado, y el que irrespeta, agrede y violenta no puede esperar de vuelta ni empatía, ni apoyo ni solidaridad.

Quien cumple con sus deberes y sirve con amor, compromiso y eficiencia, no necesita maltratar a nadie para recibir lo que le corresponde. ¿Cómo exigir justicia con injusticias, querido amigo? ¿Cómo esperas cosechar sin sembrar? Dedícate a entregar lo que reclamas y entonces te aseguro que no necesitarás reclamar más.

Querido _____
_____
_____
_____
_____
_____

UN MUNDO QUE NO NECESITA CAMBIAR

Por andar lidiando con la impotencia de querer cambiar ciertas cosas, dilapidamos la oportunidad de hacernos cargo de muchas otras. Especialmente las que nos corresponden, y sin duda podríamos cambiar.

Querido Santiago:
Qué pretenciosa, banal y arrogante es la idea de querer cambiar el mundo. Por seductora y noble que se presente, esta intención tiene un único origen y exclusivo destino: comienza y termina en la profunda ignorancia de tu ego.

No necesitas cambiar nada más allá de tu propia ceguera, no necesitas condenar más injusticias que aquellas que cometes día tras día mientras permaneces absorto en la conducta de los demás, no necesitas más censura que la de tus propias acciones, no necesitas condenar, exigir ni luchar; lo que necesitas, en realidad, es despertar.

El mundo es perfecto, querido amigo. Perfecto no significa que funcione como debería hacerlo según tú, ni que esto llegue a suceder jamás. El mundo enseña lo que corresponde y es solo un espejo de lo que cada individuo necesita aprender a transformar. La trampa está afuera; la clave, querido amigo, vive tan dentro de ti como de los demás.

Cuánto te cuesta renunciar y agachar esa cabeza que cree comprender mucho más de lo que comprende en realidad.

PD: Tengo un propósito nuevo, dejar de rezongar. Estoy mamado de ese vicio de andar quejándome de todo, de desgastarme todos los días por cosas que no tienen importancia y que aun así permito que me roben alegría y paz. Estoy mamado de estar mamado. ¡Cómo agota vivir mal!

Querido _____

BUSCAR SIN ENCONTRAR...

Una cosa es teorizar sobre la felicidad y los recovecos de su búsqueda, y otra el enorme problema que supone alcanzarla. A los seres humanos en realidad no nos interesa ser felices: lo que nos obsesiona es la distracción y el embeleso de la búsqueda. **NO BUSCAMOS LA FELICIDAD, LO QUE NECESITAMOS CON DESESPERO SON ARGUMENTOS PARA PODER JUSTIFICAR SU AUSENCIA.**

Querido Santiago:
Solo tienes un miedo que enfrentar, querido amigo: el miedo a ser feliz. ¿No te habías dado cuenta? Piénsalo por un momento antes de tildarme de loco.

¿Qué harías si fueras feliz? Si lograras una felicidad permanente e imperturbable, ¿qué pasaría si ya no tuvieras miedo a que te abandonen, a la soledad, a la escasez y a la enfermedad? Imagina una vida donde fueras pleno sin importar las circunstancias; una vida en la que te sabrías suficiente sin necesidad de compararte, pretender ni alcanzar.

Imagínate verte en el espejo y sentir tu cuerpo perfecto sin que ningún juicio ignorante lo descalificara ni lo quisiera cambiar. Imagínate ser feliz con o sin tu esposa; feliz, independientemente de que esos que amas tengan mejores cosas que hacer que estar contigo; feliz, cuando tus hijas, por el motivo que sea, ya no estén para ser un argumento y una justificación. Imagínate ser feliz porque sí.

Estarías jodido, tu vida de esclavo se rompería en pedazos y simplemente no sabrías qué hacer con lo que has encontrado. Ya no tendrías motivos para luchar, ni quejas que elevar al cielo, ni tus habituales e infantiles estallidos de ira ante la frustración de no lograr lo que pretendes.

No, querido amigo, tú no quieres ser feliz, lo que te interesa es buscar sin encontrar nunca y llamar a eso vida. Lo que te interesa es escribir sobre estar despierto, para que así nadie interrumpa tu sueño.

Tienes un solo miedo: mueres de pánico con solo imaginar que puedas llegar a ser feliz y que merezcas serlo. Duerme entonces, prometo no hacer más ruido. Sigue luchando sin sentido hasta que sea tu momento, pero mientras tanto no hables de felicidad, mejor di la verdad y habla de miedo.

Querido _____

PIEDRAS Y CASAS

Para poder vivir en paz es necesario aprender a respetar a quienes tiran piedras. Para poder evolucionar es necesario aprender a admirar a los que construyen casas.

Querido Santiago:
No te gusta, no sigas. No estás de acuerdo, aprende y no lo hagas. Te parece mediocre, anda y hazlo mejor. No te gusta una empresa, no compres sus productos. Pero deja de estar metiéndote en donde nadie te ha llamado.

Qué fácil es condenar, señalar y debatir. Que fácil es acabar con el trabajo de otro para aquel que nunca ha construido nada. Hoy en día muchas personas parecen animales carroñeros alimentándose del desacierto, el desatino y el yerro ajeno. Cada día crece el morboso interés por la vida y las partes nobles del prójimo, las lecciones de moral en cuerpo y vidas ajenas, la crianza de púberes e imberbes ajenos a nuestra custodia.

Usa tu supuesto talento y capacidad para hacer diferente eso que condenas. Aprende a guardar tus opiniones para quienes las solicitan; esa sería al menos una incipiente muestra de madurez y conciencia. Vive y deja vivir, compañero. No tienes que mejorar a nadie, ni vivir destruyendo el esfuerzo y el trabajo ajeno. Lo que no te gusta de otros, trabájalo en ti.

PD: Con mucho esfuerzo y trabajo, con dolor y la indignación propia del ignorante, poco a poco he ido aprendiendo a respetar a los que usan los defectos ajenos para hacer templos de su supuesta moral. La vida me ha enseñado a respetar a los que tiran piedra, pero mi admiración es para los que construyen casas, así sus paredes puedan tener una que otra grieta.

Por otro lado, no me interesa saber quién se separó. No me traigas cuentos de nadie, que los que me interesan me los cuentan siempre de primera mano.

Querido _____

OFICIOS PARA UN DESOCUPADO

De profesión, mendigo, y en mi tiempo libre, inquisidor.

Querido Santiago:
Comienza a agradarme lo que el paso de los años ha traído para ti, particularmente la pérdida de interés por defender la idea de ti mismo que con tanto esmero habías construido. Poco a poco eso que creías ser se desmorona, y te vas dando cuenta de cosas, que, si bien resultan dolorosas, son necesarias si en realidad te interesa vivir mejor.

Más allá de la distracción de las múltiples actividades que has desempeñado a lo largo de tu existencia, por fin reconoces que, de base, has practicado la mendicidad, has pasado la vida entera esperando migajas de afecto y aprobación, has pasado por encima de ti tantas veces, buscando con desespero que alguien pueda mostrarte el valor que no has podido reconocer en ti. Has negociado contigo lo que no tiene precio, por un poco de aprobación y afecto, sin importarte en lo más mínimo lo que has debido pagar y la falsedad de lo conseguido, pues al final, si te aprueban y te quieren por lo que no eres, estás siendo tan falso como lo que consigues.

Habrás notado también que cuando tu baja autoestima consigue lo que busca —y un par de halagos te inflan la camisa—, te entregas a la práctica nefasta de tu *hobby* de inquisidor, en el que, implacable, insistes en ver en los otros lo que, según tú, les hace falta, desdeñando su capacidad y valor. Al fin y al cabo, querido amigo, no se necesita talento para el odio y el desprecio; se requiere maestría para amar y reconocer la belleza que —si bien abunda en todo lo que existe—, es tan escasa para el necio y el ignorante.

Los dos sabemos cómo agota vivir así, los dos sabemos que ya ha sido suficiente y, aunque aún no sepas cómo, te aseguro que estás listo para soltar las cadenas de la crítica lapidaria, los juicios sin fundamento y el trabajo hecho sin amor. Rompe eso que no eres, muchacho: nunca es tarde para volver a empezar, nunca es tarde para aprender a amar.

Querido _____

SER EL MISMO

Un mundo nuevo no será posible mientras sigas siendo la misma persona y mientras sigas pensando que los que deberían cambiar son los demás. Si el diagnóstico no es acertado, tampoco lo será el remedio.

Querido Santiago:
Este discurso de un mundo nuevo aparece y llena de regocijo y autosatisfacción al que lo pronuncia, mientras se regodea de ser quien es.

Un mundo nuevo requiere el mayor de los sacrificios, que no es otro que la renuncia a ser quienes hemos sido. No hay dolor mayor que reconocer la ignorancia que habita en nuestra mente y las consecuencias que se manifiestan en la vida.

Morir todos los días, querido amigo, porque un mundo nuevo requiere morir cada día. Deja que las hojas secas de tus viejas ideas, sentimientos y convicciones caigan una tras otra; ya es hora de que dejes de creer todo lo que piensas y te remitas exclusivamente a los resultados de tu vida. Así, como un buen jardinero, sabrás qué ramas deben ser cortadas, para que, por fin, crezcan flores.

Con acciones concretas se construye el mundo nuevo del que tanto te gusta hablar.

PD: Estoy dedicado por completo a abandonar ese vicio que por años me llenó de orgullo: el vicio de ser Yo. Qué bendición saber que cada día puedo ser alguien nuevo.

Querido _____

REGALOS SIN DESTAPAR

El milagro no es estar vivo, sino saberse vivo y con absoluta certeza del inexorable final. El milagro no es estar vivo, sino darse cuenta, para poder vivir con deleite y fascinación, lo que es invisible a los ojos del ego. El milagro es saber que se tiene lo necesario. El milagro es saberse milagro y entonces la única respuesta posible es una gratitud que estremece y hace postrar de rodillas la lucha, el deseo, la competencia y la ambición. ¡No es suficiente estar vivo, es necesario darse cuenta!

Querido Santiago:

Abriste los ojos esta mañana y tienes ojos, ¿lo recuerdas?

Para muchos, este día maravilloso será un regalo que no les corresponderá destapar. Tus pulmones se llenan de aire, tu corazón late y tus manos aún sienten: estás vivo. ¿Qué más puedes pedir?

¿Por cuánto tiempo? No lo sabemos, pero acaso, ¿es importante? Lo único cierto es la certeza del final, no del final de la vida (que no creo posible), sino del final de ser lo que crees que eres y en esto, querido amigo, radica el milagro y la bendición. Disfruta lo que queda, sean minutos, días, meses o años, pues en realidad es lo de menos; si prestas atención entenderás que el tiempo es justo y preciso, como todo lo demás.

Ama muchacho, sin guardarte nada, entrega lo que sabes que tienes sin condición, deja que los ojos se llenen de lágrimas y por primera vez en tu vida di GRACIAS de corazón. No hay nada que esperar: ¡el milagro eres tú!

Querido _____
_____
_____
_____
_____
_____
_____
_____
_____
_____

EL DEBER QUE NO TE GUSTA CUMPLIR

Amar no genera derecho alguno sobre lo amado. Por el contrario, genera un solo deber: aceptar y respetar al otro como es, y con esto, la renuncia al deseo de que el otro se ajuste a mis deseos o expectativas. Que ames a alguien no significa que ese alguien tenga alguna obligación contigo; el amor es libertad y renuncia, libertad absoluta para que otro pueda ser quien es y renuncia férrea a la idea de que el otro te pertenece.

Querido Santiago:
Qué idea tan limitada nos enseñaron del amor, como si se tratara de un argumento macabro que sirve para manipular a los que supuestamente amamos hasta convertirlos en esclavos de nuestros deseos y pretensiones.

Nos enseñaron el amor como moneda de cambio. ¿Quieres mi amor? Entonces conviértete en lo que espero de ti y lo tendrás como recompensa. Nos enseñaron el amor como un obsequio al otro y no como un privilegio para nosotros mismos.

Nos enseñaron la fantasía de que, si amas a alguien, esa persona tiene obligaciones contigo y tienes el derecho a imponerle lo que consideras mejor para ella, porque también te enseñaron que si amas a alguien, sabes lo que es mejor para esa persona, aunque no tengas ni idea de lo que es mejor para ti.

Con razón te interesa tanto el amor, con razón resulta tan atractivo el poder que genera, las cadenas que sostiene, la esclavitud que representa. Qué idea tan tiránica del amor te ha gobernado siempre: un amor egoísta, susceptible, variable y acomodado, un amor que no es amor, sino egoísmo, pero que necesitas llamar así para poder defenderlo y justificarlo.

Amar es otra cosa: es renunciar al egoísmo, al deseo y al vacío. Amar requiere temple, paciencia y equilibrio; amar requiere atención y silencio; amar es rendirse mucho, es rendirse para que jamás puedas volver a ser derrotado.

Querido _____

SIN MEJORAR

Con la excusa de querer mejorarlo todo, hemos disfrazado la crítica de virtud. Cómo nos gusta desperdiciar nuestra energía en lo que no nos corresponde. Siempre será más fácil distraernos con los otros, para seguir eludiendo la responsabilidad de vernos a nosotros mismos. La crítica agota y enferma, pero a quienes la ejercemos sin clemencia nos gusta argumentar que estamos comprometidos con hacer de este un mundo mejor. Qué lindo suenan nuestras mentiras, lástima que no logren tapar los atronadores resultados de la realidad.

Querido Santiago:
¿Quién te metió en la cabeza que debes mejorar lo que no te corresponde? ¿Quién te nombró curador de la conducta ajena, del proceder del otro, del criterio, el juicio y la elección de quienes te rodean? ¿En qué momento, y sin formación ni remuneración alguna, te empeñas en la tarea inútil e insoportable de acribillar con tus juicios lo que observas, degustas y vives? ¿No entiendes que cada quien hace lo mejor que puede con la información que tiene? ¿No has notado aún, querido amigo, que tu tiranía inquisidora hacia el mundo no es sino un eco del trato despiadado que te procuras a ti mismo?

No mejores nada, resiste la tentación del juicio y la crítica, y verás cómo te sobra energía para valorar y agradecer. Te preguntarás qué hacer con lo que no te gusta o lo que a tu juicio está mal. Y la respuesta es: úsalo para tu propio crecimiento. ¿Qué cómo es eso posible? Usa tu malestar para identificar lo que necesitas aprender. Usa tu irritabilidad para transformarla en paciencia. Usa tu agudo sentido para ver errores y conviértelo en la maravillosa capacidad de ver todo lo hermoso que hay en ti y a tu alrededor. Usa la falta de respeto del prójimo para revisar tu conducta y asegurarte de ser respetuoso siempre. Pon tu atención en lo que te corresponde, muchacho, y entonces quizá ya no tenga que hablarte más, salvo para recordarte cuánto te amo, aunque seguramente para ese entonces ya lo hayas descubierto.

PD: A cuántos he destruido sin piedad. Cuántos crucificados con los clavos de mi propia ignorancia. Cuando han pasado al frente y se han ido con las manos vacías, o peor aún, llenas de hiel, hoy solo puedo decirles que no supe hacerlo diferente, que no tenía nada más para dar. Lamento que mis principales víctimas sean aquellos a quienes tanto me precio de amar. Hoy sé que me he mentido y les he mentido, y también sé que estoy listo para volver a intentarlo. Me tomará la vida entera, pero vale la pena, pues estoy convencido de que tengo cosas mejores para dar.

Querido _____

DES-ESPIRITUAL

La búsqueda de la espiritualidad es tal vez la más sofisticada artimaña del ego, bastante útil para distraer, engañar y confundir. La espiritualidad no se busca, paradójicamente se manifiesta para el que ha dejado de buscar. Qué lindo sería que al hablar de Dios no miráramos al cielo, sino a los ojos de quien tenemos al frente, que es donde él vive en realidad. Qué bueno sería que, en vez de estar buscando, pudiéramos encontrar.

Querido Santiago:
¿A qué llamas ser espiritual? ¿Por qué será que cuando la mayoría de seres humanos hablan de espiritualidad miran hacia arriba, como si aquello que se busca estuviese lejos de su propia realidad? ¿Por qué asociamos a Dios con el cielo y no con la tierra y nuestra vida, que es en donde nos corresponde aprender y trabajar?

No te distraigas, no confundas tu miopía con ninguna verdad. ¿Cómo es posible que busques algo que hace parte de todo, y que nunca ha estado oculto en realidad? Es en tu vida donde necesitas aprender a reconocer lo sagrado. Es en lo mundano donde puede llegar a reconocerse lo trascendental. No hay tarea pequeña, ni persona sin importancia, así como no hay circunstancia alguna que no te esté mostrando el rumbo, ni marcándote la manera en que necesitas caminar.

La espiritualidad solo se oculta para esos que la viven buscando y que, casualmente, como tú, se llenan la boca hablando de ella. Encuentra, abre los ojos, valora lo que tienes, no necesitas nada más...

Querido _____
_____
_____
_____
_____
_____
_____
_____

A TU MANERA

Que vivas feliz en pareja no significa que alguien soltero no pueda vivir igual. Que disfrutes la soltería, no significa que quien vive en pareja haya perdido la libertad. Que disfrutes tener hijos, no significa que el que no los tiene se está perdiendo de lo mejor de la vida. Que hayas decidido no tener hijos, no significa que los que son padres tengan vidas aburridas. Que hagas ejercicio, comas quinua hervida y seas abstemio no te hace mejor que el que come hamburguesa, la pasa con cerveza y prende un porro. Que seas monógamo y disfrutes el misionero tierno con luz tenue, no significa que el que tenga una relación abierta este poseído, no tenga valores o este alejado del señor. No eres mejor ni peor que nadie.

Eres como eres y está bien. Lo que de pronto podrías hacer y sería muy *cool* es dejar de joderle la vida a los demás, pensando que todos deberían ser como tú.

Querido Santiago:
Aprende a dejar vivir. Aprende a entregarle al otro el mejor de los regalos: que pueda ser, que pueda pensar, sentir y aprender lo que le corresponda a su propio tiempo y en perfecta sintonía con su propia capacidad. Aprende a no hacer ruido, a no estorbar con tus argumentos, tus juicios y tu arrogante vocación de profesor.

Deja vivir y entonces ya nunca estarás solo, pues en todos encontrarás una parte de lo que eres. Al abandonar la lucha y la resistencia, se acercarán los necesarios y se irán los que no te corresponden. La vida entonces será milagro, como será un milagro verte abrir los ojos para que puedas ver todo de lo que te has perdido hasta hoy.

Querido _____

```
_____
_____
_____
_____
_____
_____
_____
_____
_____
_____
_____
_____
_____
```

BITS Y PENTAGRAMAS

Me gusta la gente que tiene la capacidad de cantar con ojo cerrado tanto "Tú tienes cara de que te gusta *freaky* y *nasty*, nada de lo *romantic*" como "Y llevarte a la cima del cieloooo", con la misma intensidad. Si eres así, sigue siendo como eres, ¡nunca cambies!

Querido Santiago:
Recuerda que hoy es viernes y eso de ser tan trascendental todos los días es bastante lamentable. Perrea hasta abajo, muchacho, Montaner sabrá perdonarte y yo también.

¡Ojalá no le jodas la vida al prójimo! Ya si te la quieres joder tú, es cosa tuya.

Querido _____

APRENDER A APRENDER

La libertad solo existe en nuestra mente. Ser libre no significa hacer lo que se quiere; ser libre es reconocer la responsabilidad en las elecciones que, consciente o inconscientemente, han creado la realidad que vivimos.

Libre es quien reconoce lo necesario del lugar que ocupa, del cuerpo que habita y el entorno que lo rodea. Libre es quien reemplaza la lucha por la comprensión, pues solo esta abre las puertas de la posibilidad. ¿Quieres cambiar tu realidad? Entonces primero comprende. ¿Qué te llevó hasta ahí? Y segundo, ¿qué necesitas aprender de ello? Hazte responsable de tu vida, ahí está la llave para abandonar la cárcel que tu mente creó para ti.

Querido Santiago:
El privilegio es la realidad que vives sin importar cuál sea, pues cada circunstancia, cada situación, cada lugar, cada persona, cada cosa que ha sucedido en tu vida, ha tenido un solo propósito: que puedas aprender. A mayor resistencia, más difícil será la lección.

La victimización, la condena y la lucha por la supuesta justicia no han sido en tu vida más que distractores que no te permiten ver las lecciones ocultas tras la realidad que rechazas.

Mira a los ojos lo que más se te dificulta, de lo que huyes, lo que evitas y señalas. Enfrenta tus fantasmas. Mira a los ojos a tus miedos y verás cómo se disuelven y revelan tesoros inimaginables. Detrás de ellos está la libertad que buscas, pero no existen atajos para lograrla. En tu mente está la posibilidad de construir el paraíso o el infierno, así que tendrás que elegir, si alimentar las llamas con tu ignorancia, tus caprichos, tus quejas y tus argumentos, o si, por el contrario, limpias, observas, comprendes y vuelves a mirar tu vida con ojos nuevos, para entender por fin que en tu vida no hace falta nada, que lo único que ha faltado has sido tú.

Ojalá hoy estés a la altura del día que se te ha regalado, porque es precisamente eso: un regalo, así estés muy ocupado para darte cuenta.

Querido _____
_____
_____
_____
_____
_____
_____

SHHHH

No creo que exista algo más revelador que el silencio. Ese maestro sabio, justo y neutro, que lo primero que nos enseña es cuánto nos cuesta estar con nosotros mismos. Llevo 41 años intentando conquistarme y a veces cuánto me cuesta encontrarme siquiera simpático.

Lo que tengo claro es que no pienso darme por vencido.

Querido Santiago:
Es tu amor por ti lo único que falta. Es el principio y el fin de todo, pues no hay nada en esta Tierra que puedas llegar a amar, si no te amas. Y si no amas, entonces no habrás vivido.

Un paso a la vez, muchacho, un paso a la vez.

Querido _____

MIL CAMINOS Y UN MISMO DOLOR

A veces las heridas parecen hogares,
la falta de compromiso parece libertad,
la agresión parece fortaleza,
a veces lo absurdo se viste de certeza,
la ignorancia se disfraza de convicción.
Es increíble cómo el ego hace creer al ciego que ve,
cómo hace creer sabios a quienes de lo único que conocen
es de lucha y obstinación.

Querido Santiago:
Llegará el día en que, con seriedad y rigor te preguntes, sosteniendo tu propia mirada, por qué tropiezas siempre con la misma piedra, el mismo destino, el mismo dolor, y por qué, aunque a veces las circunstancias parecieran diferentes, el resultado es igual. Al ego solo le gusta el maquillaje, la impostura, la trampa y la sofisticación. Una cosa es ilustrar el ego y otra muy diferente quitarle la comodidad del poder con que te ha controlado desde que tienes memoria.

Hablas de resultados, pero cuánto te cuesta ver los tuyos; pareciera que el artificio y el argumento siguen siendo atractivos, y que lugares para dormir sin ser molestado siguen siendo visitados de nuevo.

No es a tu manera, muchacho, no es siendo tú, porque ese es precisamente el problema, el problema es que tú no eres nada de lo que crees que eres. Pero mientras te enteras, sigue dándole y al final el mundo celebra que "los idiotas nunca se dan por vencidos".

Querido _____

CUANDO DIGO YO, HABLO DE NOSOTROS

Mis amigos han sido el espejo en el que, con amor, he podido reconocer mis heridas, han sido el lugar seguro en el que siempre encontré un refugio para curarme el alma y coserme el corazón a mi manera y en mi tiempo. Mis amigos han sido firmes y, sin adornos ni faroles, me han mostrado mis ligerezas y mis tantas faltas, sin comprometer jamás su amor y compañía. Han celebrado mis triunfos, han amado a los míos como si fueran suyos, se han reído de mis problemas para mostrarme que nunca son del tamaño que los veo. Han visto el sol cuando mis ojos solo me han mostrado aguaceros.

Soy porque somos. Nunca estoy solo, porque donde estoy, siempre estamos y, hoy más que nunca, tengo claro que cuando digo yo, en verdad digo: nosotros.

Querido Santiago:
A veces te olvidas de agradecer por los milagros que te rodean y hoy especialmente quisiera recordarte a quienes, sin compartir tus apellidos, son tu sangre, tus hermanos y hermanas, con los que se escogieron para venir a este planeta a recordarse que el amor existe, que es libre y que, cuando tiene alguna condición, entonces ya no es amor.

No los des jamás por sentados porque, aunque han tenido la elegancia de permanecer a pesar de tus intentos por darles la espalda, hoy se merecen más de ti, más de tu tiempo, de tu compasión, de tu energía y de tu vida. Que tu casa sea siempre la de ellos, muchacho. Que en tu mesa siempre haya un plato para el que llegue. Que en tu hombro puedan reposar sus lágrimas. Que se te rompan las manos aplaudiendo sus conquistas. Que los ames sin condición como te aman. Que reconozcas que este camino no sería lo que ha sido de no haber sido por ellos.

La gente dice que uno debe dar la vida por los amigos, pero yo te digo que es mejor aprender a vivir rodeado de ellos.

Querido _____

AMORES POR MONTONES — MONTONES

Es imposible sufrir por amor, así que ojalá tengas muchos amores, cientos, miles de ellos.

Ojalá te permitas amar sin mezquindad, sin límites y, sobre todo, sin miedo.

Espero que te regales el privilegio de amar en libertad, siendo y dejando ser, y tengas miles de amores, amores de esos que no necesiten motivos, ni argumentos, ni explicación.

Ojalá, como dice Facundo Cabral, "ames hasta convertirte en lo amado".

Ojalá tengas amores por montones y no confundas el amor con la sexualidad, porque la sexualidad puede ser o no exclusiva, pero el amor, cuando es amor es: UNIVERSAL.

Querido Santiago:
No hay amor sin libertad,
el amor transforma el yo en nosotros,
el amor es lo único que existe en realidad,
es origen y destino.
Así que no te preocupes, muchacho, que en el amor nos volveremos a encontrar.

Hace 2000 años un *man* vino a enseñarnos que el único mandamiento era amarnos los unos a los otros. Si tan solo pudiéramos entender que no es necesario nada más.

PD: Se sufre por apego, por egoísmo, por capricho, por ignorancia. Pero por amor, ¡JAMÁS!

Querido _____

SUPERHÉROES Y MALHECHORES

La culpa invita al castigo, a la venganza y al desprecio, así perpetúa el sufrimiento y garantiza su repetición, pues quien culpa no aprende, y para el que no aprende no es posible que exista evolución. Nada cambia sin transformarse y la culpa nos convierte en víctimas estáticas que pagan por su inocencia el enorme precio de la impotencia y la resignación.

Cuánta energía desperdiciamos buscando lugares cómodos para que nuestro sufrimiento repose y se haga eterno. Cuántos argumentos vacíos para condenar y llamar enemigo a quien comete el peor de los pecados: que no sean como yo quiero, que no piensen lo que pienso, que no actúen como espero. La vida es espejo, el otro, solo una excusa. Al final solo culpa quien está ciego, el que no tiene el valor de ver.

Querido Santiago:
La vida comienza cuando se acaban los culpables. Rompe las cadenas que usas para defender tu inocencia, hazte dueño de tu vida y de tus resultados, nadie puede aliviar un dolor que tú mismo has elegido. Esos que llamas tus victimarios no son sino las herramientas que el universo te ha dado para hacerte consciente de tu ignorancia.

Ser adulto es renunciar a la idea de los culpables, es acabar el juego infantil y acomodado de llamar buenos a los que hacen lo que quieres y malos a aquellos que ejercen su derecho a ver la vida diferente a como tú la ves.

Este planeta no necesita más jueces ni más víctimas, lo que necesita son más personas que decidan dejar de ser una carga para los demás y que por fin tengan el valor de hacerse cargo de su vida, sus resultados y su felicidad.

Querido _____
_____
_____
_____
_____
_____
_____
_____
_____
_____
_____
_____
_____
_____

VERGÜENZAS DE HOMBRE

Es fácil hablar desde el privilegio que representa hoy en el mundo ser hombre, sin siquiera imaginar por un momento lo que debe ser caminar con temor por la calle, pensar cuántos botones te abrochas o el largo de la falda, pues así serán medidos tus valores y tu moral. Es fácil vivir en un mundo donde las cosas por las que a ti te suman, a ellas se las restan.

El problema somos nosotros, que nunca nos hemos puesto en sus zapatos, para vernos desde ahí y darnos cuenta de todo lo que nos falta de contenido, de sensibilidad, de respeto y de valor para aprender a amar de verdad.

Querido Santiago:
Ser hombre no lo define lo que llevas entre las piernas; ser hombre es mucho más. Mira lo que tu ignorancia y la de tus congéneres ha generado en este planeta. ¿Tan difícil es darte cuenta lo que tuvieron que vivir tus abuelas, tu madre, tus hermanas y lo que seguramente tus hijas también vivirán?

Te sientes macho porque sabes gritar, someter y mandar, pero lo que te hace hombre, compañero, es cuidar, proteger, amar y respetar. Las mujeres no son objetos, no son cosas para coleccionar, no fueron creadas para llenar tus vacíos, para cuidar de lo que a ti te corresponde cuidar. No son tu media mitad, vinieron completas y no te necesitan para nada en realidad. Que juntos sumen, construyan y crezcan es otro asunto del que otro día podemos hablar. Jamás quieras limitar su vuelo, nunca les construyas una jaula, ni sometas a tu ignorancia su misterio, su esencia y su verdad.

Trabaja por un mundo diferente, donde tus hijas puedan caminar, por fin, con libertad.

Ojalá los hombres nos miremos y nos demos cuenta de que a la mayoría nos falta mucho. Yo he sido uno de esos machistas peligrosos, uno de esos que creen que no son machistas porque hablan de igualdad.

PD: Escribo para mí, por eso dice "Querido Santiago". No generalizo, soy consciente de que existen hombres extraordinarios y que no a todos hay que ponerlos en el mismo costal. No busco dividir ni generar conflictos entre géneros, hablo de los hombres porque soy uno y esta es una disculpa que siento que necesitaba dar. Al que no le haga sentido lo entiendo y lo respeto, pero, como te digo, es un tema personal.

Querido _____

LO DIFÍCIL EN REALIDAD

Cuando nos dicen que es posible amar sin condición, vivir en paz y respetar al otro como es, que es posible valorar y reconocer que tenemos lo necesario para ser felices, cuando nos dicen que la gratitud es el sello del que ha despertado y que ese despertar está al alcance de todos, nos parece que hablan de imposibles, de quimeras, de ilusiones para ingenuos que, obnubilados, persiguen cantos de sirenas.

Sin embargo, pretender que el mundo se ajuste a nuestras expectativas, que los demás sean moldeados según nuestros caprichos y exigencias, vivir con una ambición mezquina y sin límite, tras la conquista de lo que el ego nos hace creer que nos falta, nos parece noble y posible.

Somos simpáticos los seres humanos: lo que nos parece natural y fácil es vivir vacíos, rotos e incompletos, qué lástima que naturalicemos vivir mal.

Querido Santiago:
Deja de decirte todo el día: "Qué difícil es ser feliz". ¿Acaso te ha parecido fácil tanto tiempo de buscar sin encontrar, de luchar sin vencer? Tanto conflicto, tanta condena, tanta culpa y, sobre todo, tanta justificación. No seas mediocre, muchacho, pues considerar que el sufrimiento es el destino irrevocable del ser humano es el argumento lapidario con el que tu ego declaró su temprana victoria. Rebélate contra su tiranía, rompe las cadenas de tus expectativas infantiles, llena los vacíos que tú mismo creaste, sana con amor tus heridas, pues son tuyas y nadie más debería padecer el precio de que aún estén abiertas. No te falta nada diferente a darte cuenta de que no te falta nada.

Rompe el hechizo que te mantiene dormido, rompe las excusas para no entregar lo que sabes que tienes para dar. Rompe la idea de lo que has creído que eres, pues te aseguro que eres mucho más. La vida te está esperando, tal vez ha llegado la hora de rendirte y reconocer que lo difícil no es la vida, que lo difícil hasta ahora has sido tú.

Querido _____

SIN VOS

Y justo ahora que sabemos que podemos vivir perfectamente
    bien el uno sin el otro,
ahora que es claro que no nos corresponde cargar con los
    vacíos ajenos,
ahora que no esperamos, ni hacemos nada porque toca,
ahora que entendimos que el compromiso es con cada uno y no
    con el otro,
ahora que no tengo nada que cambiarte,

porque que seas como eres es precisamente tu magia,
ahora que sé que no eres mía, y no tienes ninguna obligación conmigo,
ahora que por fin somos libres, ahora sí, podemos amarnos.

Querido Santiago:
Dale gracias a la vida por la paciencia de quien por años ha estado a tu lado para que puedas comprender cada frase; grábate cada una en tu corazón, pues seguro llegarán días donde se haga más difícil recordar y poner en práctica.

Tú sabes que te amo, pero lo que siento por ella es otra cosa, porque sin ella tú y yo no estaríamos conversando hoy.

Dale gracias a tu paciencia infinita, que me dio espacio y tiempo para aprender, a ti, que sin ser nada de lo que quería te convertiste en lo mejor que tengo, a ti que sin querer y sin saberlo me cambiaste la vida.

Querido _____

¿Y SI DEJAS DE HACER?

Cambiar el mundo es mucho más fácil de lo que parece y poco tiene que ver con que llegue el día en que lo que observes coincida con tus conceptos, prejuicios e ideales.

Cambiar el mundo tiene que ver en realidad con desarrollar una sola capacidad: la renuncia.

¡Cuánto nos cuesta entender que para cambiar el mundo a veces lo único que hay que hacer es dejar de hacer!

Querido Santiago:
Me imagino que tu ego desbordado en argumentos estará exponiendo la imbecilidad y el romanticismo que se esconde en la idea de dejar de hacer. Sin embargo, dejar de hacer entre poco y nada tiene que ver con negligencia o conformismo. Dejar de hacer se refiere a detener los comportamientos compulsivos en los que desgastas la mayor parte de tu energía: la queja, el lamento, la crítica, corregir a los demás e imponerles tu forma de ver la vida; hablo de dejar la pereza, la superioridad moral, el juego tramposo de llamar buenos a los que hacen lo que quieres, y malos a los que no coinciden con lo que según tú debería ser.

Dejar de hacer se refiere a suspender todo aquello que le resta energía a tu vida, todo eso que alimenta tu sufrimiento y te llena de desesperanza, amargura y rencor, dejar de lado la forma tiránica con la que te hablas a ti mismo, el vicio de culparte y de culpar a los demás, dejar de tratar tu cuerpo con desprecio y de maltratarlo con tus malos hábitos, mientras te llenas la boca hablando de bienestar, dejar el ruido, las carreras y el afán demencial que gobierna tu vida.

Dejar de hacer, muchacho. La clave está en aprender a dejar de hacer.

Querido _____

`TE AMO—ADIÓS`

Amar no siempre es sinónimo de permanecer. A veces amar también es decir adiós, decir no más, es elegir volver a comenzar y construir una nueva realidad.

Que te acepte y respete como eres no quiere decir que podamos construir algo juntos; que te ame no significa que renuncie a ser lo que soy, a vivir lo que necesite vivir, a aprender lo que vine a aprender. "Te amo" también significa: "Te dejo libre", "Te quito el peso de mis expectativas y de mi idea egoísta de que deberías ser como quiero". "Te amo" a veces también significa adiós.

Querido Santiago:

No te aferres. Permite que los demás sean, para que también puedas ser y, en ese espacio inagotable que es la libertad, que la vida naturalmente te muestre tu lugar y los que resuenan con él.

No perturbes el espacio de otros con tus lecciones, tus ideas y tus verdades a medias, deja que cada quién sea como es y será muy fácil para ti reconocer a dónde llegas y de dónde corresponde partir. Que ames no significa que tengan la obligación de amarte.

No te aferres, muchacho, saluda a quien te saluda, abraza a quien te abraza y aprende a despedirte con gratitud de los que te dicen adiós.

PD: Reconozco que me he pasado la vida entera buscando el amor de quienes no me aman, la aprobación de los que me desaprueban y la cercanía de los que no me quieren cerca. He tenido este vicio por años. Para mí ha sido más cómodo buscar el amor que encontrarlo.

Querido _____

EVIDENCIAS Y TROPIEZOS

Un amor bonito no es un amor exento de dificultades. No es un camino recto ni almidonado. No todo será placer, alegría. Lo noble de un amor bonito es que inevitablemente nos enfrentará con nuestros miedos, nos mostrará nuestros vacíos y dejará en evidencia nuestras heridas, para darnos la posibilidad de aprender a ser valientes, de llenarnos y sanarnos el alma. Un amor es bonito porque te obliga a crecer, a mudar la piel, a morir y renacer. En un amor bonito se diluye el "yo" para que por fin nazca un NOSOTROS.

Querido Santiago:
Lo que es hermoso para el alma es doloroso para el ego, por eso los cobardes jamás conocerán el amor. Para amar hay que abandonar lo que no somos, renunciar a la ignorancia. Hay que sacrificar el ego, pues en el corazón de un ser humano hay espacio para el amor o para el miedo. No caben los dos.

No duele amar, lo que siempre duele es el ego, así que aprende a amarte, muchacho, porque con amor todo es más bonito.

Querido _____
_____
_____
_____
_____
_____
_____
_____
_____

DE MÍ ME ENCARGO YO

Ni soy tuyo ni eres mía. No tienes ninguna obligación conmigo, ni te corresponde hacerme feliz, ni tienes que ver el mundo como yo, ni te corresponde enmarcar tus acciones en mis expectativas. Tampoco tengo obligación alguna contigo, salvo quizá la de aprender a ser feliz por mí mismo, para no ser nunca ni lastre, ni jaula ni freno. Tengo la obligación de ser feliz, no para darte alas porque ya las tienes, sino para ser el viento que te ayude a llegar a donde sea que quieras ir, aun si ese lugar es lejos de mí.

No se trata de que seas mía. Se trata de que siempre seamos libres y que así nos podamos elegir.

Querido Santiago:
Que sean siempre libres, porque no existe el amor sin libertad. Vuela sin miedo, muchacho, vuela y déjala volar. No se puede perder lo que no te pertenece, por eso lo que se ama no se conquista ni se alcanza. Lo que se ama se deja ser, porque siendo ya te está entregando lo mejor que te puede dar.

Querido _____
_____
_____
_____
_____
_____
_____
_____

JUICIOS COMO CONFESIONES

Cada quién puede opinar lo que mejor le parezca, cada uno habla de lo que lo habita y al final no vemos la vida como es, sino como somos.

Así que del elogio toma la energía, el estímulo, el reconocimiento y la reafirmación.

De la crítica y el juicio, la humildad para reconocer, aprender a no tomarse las cosas de manera personal, a agachar la cabeza, reconocer, aceptar y reparar cuando sea posible.

En la vida todo suma cuando se aprende a usar cada cosa para lo que es: el elogio para recargar y la crítica para evolucionar.

Querido Santiago:
Disfruta sin vergüenza de las demostraciones de afecto, atesora los abrazos y las palabras gentiles y de ellas ojalá aprendas que eres digno de ser amado y que tu esfuerzo siempre es valioso. De la crítica, querido amigo, aprende, sobre todo, a darle un lugar, reconoce que tienen la misma razón los que te celebran que los que te condenan, pues al final cada uno tiene derecho a su propia opinión y a su forma de ver la vida. Los que te llaman sabio y los que te tildan de farsante tienen razón a su manera, y lo que eres en realidad probablemente sea un punto que oscila entre los dos.

Aprende a no ser susceptible ni al elogio ni al juicio, pues con el primero te harán arrogante y vanidoso; y si te tomas a pecho el segundo, te harán resentido y siempre presto a luchar. Las opiniones del otro son del otro, así que respétalas, escúchalas con apertura y toma de ellas lo que te sea útil en tu caminar.

No eres tan importante como crees, compañero, y al mismo tiempo eres mucho más importante de lo que imaginas. Así que aprende a tomar del otro lo que nutre, el resto déjalo pasar.

Querido _____

_____
_____
_____
_____
_____
_____
_____
_____
_____
_____
_____
_____
_____
_____
_____
_____
_____

HAGAMOS UN NEGOCIO

Si necesitas, pide. No soy adivino, ni mi amor puede ser medido por la capacidad de intuir tus anhelos. Siempre (lo entiendas o no) estoy haciendo lo que considero mejor y estoy seguro de que tú haces lo mismo. Al final somos dos ciegos que creen que pueden ver.

Así que ¿por qué, en vez de vivir inmersos es este juego inútil de asumir lo que no sabemos y de interpretar con amaño las señales que nos convienen para justificar lo que creemos correcto, comenzamos a decir: "Qué esperamos, cómo lo esperamos"?

Y vemos si eso que esperas es algo que puedo dar, si entre lo que pides y lo que ofrezco puede haber balance, equilibrio y armonía, y nos damos la posibilidad de ser por fin suficientes.

¿Qué tal si dejamos esta conversación abierta lo que dure la vida? ¿Qué tal si esta conversación se vuelve nuestra vida, si tú y yo escribimos una historia, que aunque seguramente estará llena de borrones y enmendaduras, será la historia de dos que estando ciegos aprendieron a ver-se/reconocer-se?

Querido Santiago:
Si entre lo que se pide y lo que se ofrece existe armonía y afinidad, entonces podrán llamarse una pareja. Ahora, si aprenden a no pedirse nada y darse todo, entonces podrán decir que se han amado.

Querido _____

_____
_____
_____
_____
_____
_____
_____
_____
_____
_____
_____
_____

DE MENDIGOS Y MILLONARIOS

Cada vez me convenzo más de que eso que llamamos lujos no son más que distractores de lo importante. No creo que haya nada malo en ellos *per se*, salvo el efecto anestésico que producen haciéndonos creer que más que una parte de la vida, son el fin de la vida misma y que una buena vida se mide en proporción a los lujos que se pueden poseer.

El lujo no tiene que ver con la ostentación, el derroche y la exhibición con la que muchos tratamos inútilmente de ocultar nuestros vacíos. No hay accesorios, prendas, joyas, carros o destinos paradisiacos que puedan dar sentido a la vida. Lujo es tener ojos para ver, manos para sentir, pulmones para respirar. Lujo es poder abrazar a los que amas como si cada abrazo fuera el último. Lujo es encontrar la belleza donde realmente habita, es decir, en todo. Lujo es estar despierto y no necesitar anestesia alguna para poder vivir.

El lujo es darse cuenta.

Querido Santiago:
No hay problema alguno con que poseas cosas; el problema es enorme cuando las cosas te poseen a ti. No comprometas tu felicidad con la obtención de nada, no aplaces tu felicidad con sueños que, si bien se presentan atractivos y prometedores, no son más que engaños de tu ego para no valorar lo que tienes y vivir de espaldas a la realidad.

¿Cuántos zapatos más necesitas, muchacho? A veces pareciera que tienes más pies que cerebro. ¿Cuál es el valor de alguien que cree que vale por lo que tiene? Preguntas incómodas, pero alguien las tiene que hacer. ¿O es que acaso esperas que esté acá solo para aplaudirte y llenarte de lisonjas?

El lujo eres tú, compañero, y la vida que te habita; el lujo son tus hijas y el tiempo perfecto que estarán a tu lado; el lujo es el aire que respiras, el sol que te calienta y el frío que te estremece; el lujo es no necesitar lujos.

Disfruta, pues, todo lo que tienes al frente: fue creado para ti.

Querido _____
_____
_____
_____
_____
_____
_____
_____
_____
_____

ARMARIOS Y ESQUELETOS

No siempre el tiempo lo cura todo, a veces el tiempo encona, concentra y encadena. A veces el dolor, la tristeza y el resentimiento encuentran en el paso del tiempo un aliado letal. Hay asuntos que necesitan ser atendidos, dolores que reclaman ser soltados, afrentas que no tiene sentido cargar sobre los hombros, pero que son especialmente dañinos si se cargan en el corazón y en la cabeza. Hay fantasmas que son mucho más peligrosos cuando se quedan dentro de los armarios.

Querido Santiago:

Soltar y aprender son la clave de la vida; algunos te dirán que perdonar, pero en mi opinión el perdón es solo una idea arrogante de aquel que no ha comprendido. ¿Comprendido qué?, te preguntarás. Que todo lo que sucede en la vida es necesario para la propia evolución y la sabiduría.

No lleves cargas innecesarias, muchacho, vive liviano, sobre todo, de dolor, rabia y amargura; que de lo que te ha dolido recuerdes solo lo aprendido, para que pueda brotar con naturalidad la única respuesta posible: la gratitud.

Querido _____

LO QUE NO FUE

Cuántos "hubieras" martillándonos la mente y el corazón, cuánta culpa clavada en el alma, cuántas fantasías sobre cómo habrían podido o debido ser las cosas, cuántos minutos dilapidados confundiendo añorar con vivir.

Que increíble es la capacidad que en muchos tiene el pasado para robarse lo único que en realidad existe: el ahora.

Querido Santiago:
No existen "hubieras", ni hay tiempo mejor; nada pudo ser distinto ni tampoco debió ser mejor. Cada minuto fue necesario, así como cada error.

Así que deja de joderte la vida, muchacho, cambia de pasatiempo y mejor pregúntate: ¿Qué vas a hacer diferente hoy?

Querido _____

DE CARÁCTER OBLIGATORIO

Si bien es cierto que la ignorancia es un derecho opcional, cosechar sus frutos es un deber de carácter obligatorio.

Querido Santiago:
Eres libre de elegir lo que quieras poner en tu mente; sin embargo, esta libertad no te exime de tener que enfrentarte con tus resultados, que, como un espejo diáfano e incorruptible, revelarán la calidad de la información que te habita.

Para hacer consciente el inconsciente solo necesitas prestar atención a tus resultados. Que son tuyos y de nadie más.

Querido _____
_____
_____
_____
_____
_____

LA PLÁCIDA IDIOTEZ

Cada vez más reconozco, con bastante incomodidad y algo de vergüenza, que cada juicio emitido hacia el otro, más que un juicio, es una confesión.

A veces las personas me preguntan: ¿Cómo hago para conocerme? Y pienso que prestar atención a lo que condenamos de los demás puede ser un gran primer paso.

Qué fácil es poner en otro la mugre que no sabemos limpiar en nosotros mismos. Cuánto alimenta el ego la idea de superioridad que resulta de la comparación inútil, qué cómodo es vivir ciegos creyendo que podemos ver.

Querido Santiago:
Si prestaras atención, si te tomaras el tiempo de indagar más profundamente en tus argumentos, en las filosas y agudas sentencias que emites con increíble ligereza y maquillada banalidad, te darías cuenta de que en realidad los otros son solo espejos que desenmascaran tus heridas, vendadas con argumentos, arrogancia y aparente superioridad intelectual.

Cualquiera que se piensa más inteligente que otro certifica con su idea su profunda y plácida idiotez. Debe ser por esto que las cosas más pendejas que dices siempre van acompañadas de un rostro serio y una pose de la que solo goza el insulto que confunde sus ideas con la verdad.

La sabiduría, muchacho, trae por fin el silencio y la quietud, no la réplica, la reforma y la censura. El mundo no necesita ser cambiado, necesita ser comprendido y, en medio de tanto ruido y tanta soberbia, jamás reconocerás como protagonizas todo eso que, con tanto ahínco, condenas.

Querido _____

SIN DESTINO

No creo que llegue el día en que lo comprenda todo; tampoco creo que llegue el momento en el que de mi vida sea desterrado el error. No lograré trascender por completo mi ignorancia y mi ego no será doblegado por completo, pues en el instante en el que crea que esto ha sucedido, encontraría su mayor victoria.

No aspiro al control de lo que me rodea, no promuevo la perfección, ni tampoco la búsqueda estéril de que algún día el mundo se alineará con mis ilusiones. Busco solo encontrar una forma de vivir con menos desgaste, busco dejar menos heridos tras mis pasos, busco sumar cada vez más días, con menos lucha y más disfrute, busco poco a poco entender mi comportamiento y su impacto en este mundo, busco aprender al fin a hablarme con el amor que quisiera obtener de otros, busco ofrecer algo más que juicios, señalamientos y condenas, busco dejar de ser yo para dejar de buscar y entonces comenzar a vivir.

Querido Santiago:
Respira, para. No hay lugar a donde ir ni nada que alcanzar. Estar presente es estar en todos los lugares y obtener todas las conquistas. No es imposible, como ha querido hacerte creer tu mente. Tal vez lo más difícil ha sido vivir como lo has hecho hasta ahora, persiguiendo lo que no necesitas. Respira, mi niño, solo respira y para.

Querido _____
_____
_____

CUANDO SEA GRANDE

Hoy mi hija me dijo:
—Cuando sea grande quiero pintar.
Le pregunté:
—¿Por qué?
Y me dijo:
—Porque quiero ser libre.
Entonces le dije que yo también quería pintar.

Querido Santiago:
No se le puede pedir más a la vida, así que pinta, muchacho, pinta, y déjalos pintar.

Querido _____
_____
_____
_____
_____

SE VALE DECIR BASTA

Amar también es decir no más, suficiente. Amar también es decir adiós y poner límites. Amar es permitirle al otro asumir los resultados de su conducta sin interferir. Amar es elegirnos por encima de las expectativas y las exigencias de los demás. Amar es permitirse no encajar en ideales prestados, en formas obsoletas que se escudan en la vieja usanza para mantenerse erguidas, flamantes de ignorancia. Amar es romper cadenas y encontrar alas, aunque estas no siempre nos llevan en dirección de lo que creíamos amar.

Amar no necesariamente es romper con el otro, sino, también y principalmente, con la idea violenta de que ese otro debería encajar con nuestras fantasías. Amar es entender que a nadie le corresponde darnos lo que no hemos sabido darnos a nosotros mismos.

"Te amo" significa "Soy y dejo ser", sin condición.

Querido Santiago:
No es tan malo irse. Después del vacío y el duelo, te está esperando esa parte de ti que nunca nada ni nadie podrá lastimar. Si eres y dejas ser, compañero, la vida te mostrará con claridad tu lugar. Así que deja de luchar, comprende y obedece, porque, te guste o no, hay un orden mayor, una inteligencia superior que a cada paso contesta tus preguntas, pero al que tú constantemente te niegas a escuchar.

Amar a veces es poner distancia suficiente para que, en medio de la tan temida soledad, podamos enfrentarnos al abrazo que lo cambia todo, y ese abrazo es el que te debes y que solo tú sabes que nadie más te puede dar.

Amar es renunciar a la comodidad de ser lo que has sido y tener el valor y el compromiso para rebelarte al yugo de tu ego. Amar es darte cada día la licencia de existir.

Querido _____

¿MEJOR QUE QUIÉN?

Diría que de todos los juegos del ego el de "querer ser mejor persona" es su favorito.

¿Qué significa ser mejor persona? ¿Mejor que quién? ¿Mejor según quién? ¿Con qué parámetro se cuantifica el valor de un ser humano? Cuánto amaño y cuánta trampa se esconde en el juego sucio de la aparente bondad. Tal vez por esto se dice que el santo que se sabe santo es el peor de los demonios.

No conozco mejores personas, conozco personas diferentes, reconozco diferentes niveles de comprensión y por ende resultados diferentes que reflejan ese nivel de conciencia. Así que, entre más se comprende, menos se sufre, menos se señala, menos se condena. Qué curioso ver como en este juego de buenos y malos, sean precisamente los primeros quienes viven construyendo un altar para su vanidad sobre los errores de los segundos.

Pareciera que sabernos buenos nos confiere una idea de superioridad, nos envuelve en un halo de juicio y un deber de señalar y distraernos con el yerro ajeno.

Es curioso darse cuenta de que los buenos sin malos dejarían de serlo. Sin enemigos no nos quedaría más remedio que enfrentarnos a nuestra propia ignorancia.

Querido Santiago:
Te garantizo que, tal vez, esta sea tu publicación menos célebre. Ojalá esto nunca se convierta en una tribuna de falsa bondad.

No te pierdas, no creas que por escribir lo que escribes has comprendido o despertado; no eres mejor que nadie y de eso no se trata el juego. Tampoco eres peor que nadie y de eso tampoco se trata esto: eres como todos y parte de todos, su belleza es la tuya, así como su dolor los hace hermanos. No eres culpable de nada; sin embargo, eres responsable de todo.

Deja que el mundo juegue a los buenos y malos. Mientras tanto, permanece atento y callado. Comprende lo que está detrás del juego y no necesitarás jugarlo nunca más. Cuestiónate y, cuando lo hayas hecho, cuestiónate una vez más, confía solo en los resultados de tu vida, y deja que sean ellos los que te muestren el camino y te enseñen que vivir sin luchar no solo es posible, sino necesario.

Querido _____
_____
_____
_____
_____
_____
_____
_____
_____
_____
_____
_____
_____
_____
_____
_____
_____
_____
_____
_____
_____

LO QUE NO SUMA

La mayoría de las dificultades de la vida se resuelven dejando de hacer.

Muchos se preguntarán ¿Dejando de hacer qué? Y la respuesta es dejando de ser tú, dejando de hacer lo que haces, porque no has entendido que es la causa de todo lo que no funciona en tu vida.

Dejando de hacer lo que te enferma, dejando de cargar lo que no te corresponde, dejando de corregir lo que no te incumbe, dejando de reaccionar como siempre lo has hecho, dejando de desperdiciar tus capacidades —condicionándolas a que se complazcan tus caprichos—, dejando tus dramas, tus exigencias y tus malos hábitos. Crees que tienes muchos problemas, cuando en realidad tienes uno solo y se llama YO.

Querido Santiago:
Este mundo está loco, dicen. En realidad, el mundo no está loco, los locos son quienes lo habitan y, con una arrogancia disfrazada de evolución, predican que para ser felices el planeta tendría que adaptarse a su ignorancia, algo que por supuesto jamás sucederá.

Se deja de hacer cuando se renuncia a la comodidad de los culpables y cuando por fin aparece la *responsabilidad*. Solo quien la ejerce estará en la capacidad de dejar de ser un títere, una veleta movida al vaivén de los sucesos y las conductas ajenas. Solo quien la ejerce se asume, y quien se asume, experimenta un poder que entonces ya nadie le podrá arrebatar.

Querido _____

_____
_____
_____
_____
_____
_____
_____
_____
_____
_____
_____
_____

LO DEMÁS ES ILUSIÓN

Siempre he sido suficiente, pero me ha costado la vida entera saberme y sentirme así.

Muchos han tenido que cargar con mi propia incapacidad de reconocerme y valorarme (especialmente a los que tanto me precio de amar). Esto se ha reflejado de muchas formas: a veces arrogancia, agresión, silencio, juicio, lejanía, rechazo, ironía, imposición. Hoy entiendo que es imposible el amor para el que está roto, y que, sin sanarse, el amor es solo excusa y manipulación.

Ya no es el éxito lo que busco, no tengo nada qué demostrar. Con ser suficiente me sobra y me basta; así no más, "suficiente", ni más, ni menos que nadie, igual a todos, parte de todos, hermano de todos, sabiendo que ellos también son *suficientes como son*. Tal vez eso sea lo más parecido al verdadero amor.

Querido Santiago:
Las heridas son caminos, recórrelos sin temor. Viniste a aprender a reparar lo que rompiste, viniste a recordar lo que en verdad es el amor.

Ese es el origen y el destino, lo demás es ilusión.

Querido _____

NOSOTROS

Una de las cosas más complejas de entender es que siempre estamos en el lugar que corresponde para aprender lo que necesitamos aprender. No existe la casualidad en la perfección del universo, aunque esa perfección sea imposible de reconocer cuando se mira desde la ignorancia del ego.

Así que dime dónde estás y quién está a tu lado, y sabré quién eres. Sabré lo que has comprendido y lo que te falta por comprender.

Querido Santiago:
Si quieres conocerte, mira tus relaciones, mira a los que te rodean y enfócate en lo que generas en ellos y lo que ellos generan en ti. Lo entiendas o no, todos somos uno, y a través de nuestros vínculos viaja tanto nuestro amor como nuestra ignorancia.

Así, pues, que no pierdas el tiempo tratando de explicarme lo que crees saber de ti, pues los dos sabemos de dónde viene eso. Mejor muéstrame a los que te rodean y la capacidad que tienes de compartir en armonía con ellos, muéstrame que eres capaz de valorarlos por encima de tus deseos y tus creencias. Muéstrame que has aprendido a renunciar a ti, porque entendiste que es más grande el nosotros.

Muéstrame tu vida, porque la vida no miente: de tus argumentos y tus justificaciones ya los dos tenemos bastante.

Querido _____

LOS QUE DETIENEN EL TIEMPO

Me gusta la gente simple, que quiere con facilidad y se deja querer sin requisitos. Me gusta la gente que va por la vida sonriéndole a extraños, como repartiendo flores, porque sabe que tiene de sobra. Me gusta la gente de mirada limpia y sin trampas, que lleva el corazón por delante y el pecho abierto, porque no hay nada que esconder. Me gusta la gente que quiere sin vergüenza y es cómplice de la felicidad ajena, pero está lista a compartir el dolor para que el otro no lo cargue solo. Me gusta la gente que no usa el paso del tiempo como excusa para diluir el afecto. Me gusta la gente que, después de muchos años, te hace sentir como si solo hubiera pasado un día.

Querido Santiago:
El mundo está lleno de gente hermosa, de gente a la que se le asoma el corazón en los ojos y en la risa, personas que son regalos y que muchas veces, por ser tú esclavo del afán, dejas pasar de largo.

Sonríe de vuelta siempre y ama, pues es la única forma en que la vida merece ser vivida.

Querido _____

ESPEJOS POR ORO

Y al tipo cobarde que he sido preferí llamarlo "precavido". De mi baja autoestima y mi necesidad de llamar la atención, me dije que eran "seguridad y confianza en mí mismo".

A mi terquedad y arrogancia las llamé "determinación y certeza". A mi idea ignorante de creer saber lo que es mejor para los demás, la llamé "amor".

Mi adicción al sufrimiento se la atribuí a "la voluntad de Dios"; a imponerle a mis hijas mis miedos y mis deseos lo llamé "educarlas"; a condicionar el amor por mi esposa para imponer mi voluntad lo llamé "hacerme respetar".

Me he pasado la vida inventando derechos y negando mis deberes; por exigir ser amado me olvidé de amar y pretendí cosechar lo que no he sembrado.

Y así, siempre he preferido cambiar de nombre a las cosas, pues es más cómodo vivir dormido que despertar y enfrentarse a la realidad.

Querido Santiago:
Como bien lo dijo Facundo: no estás deprimido, estás distraído.

PD: Últimamente me cuestiono mucho por qué escribo, y debo confesar que muchas veces detrás de cada frase se oculta una necesidad enorme de no sentirme solo y de saberme querido e importante. Siento que detrás de esta faceta mía de supuesto profesor hay una excusa para no enfrentarme con una tarea pendiente: aprender a disfrutar de mi propia compañía.

> **Querido** _____
> _____
> _____
> _____
> _____
> _____
> _____
> _____
> _____
> _____

MÁS MENTIRAS

Es mentira que cambié por ti.
No me debes nada, cambié por mí,
cambié porque por fin entendí
que aprender a amarte ha sido un regalo para mí.
Que no renuncié a querer cambiarte como un acto compasivo,
sino como un acto de claro interés personal,
porque al renunciar a querer cambiarte pude por fin verte,
y verte ha sido lo mejor que me ha pasado.
No cambié por ti, cambié porque amarte me hace bien,
porque fuiste la excusa para limarme tanta espina, tanta maña,
    tanto miedo, tanta herida.
Cambié para poder dejar de necesitarte y dejarte ser por fin libre.
Cambié para sentir el orgullo de saber que me eliges y que no
    estás porque te toca.
Cambié y seguiré cambiando mientras la vida me dé vida,
porque me hace ilusión pensar que el que seré mañana también
    va a elegirte.

Cambié para aprender a decir gracias,
porque es lo único que se puede decir
cuando, después de tanto dolor, se ha aprendido.

Querido Santiago:
¿Quién lo iba a pensar? ¿Por cuánto tiempo pareció no tener sentido? ¿Cuántos años viviste como un niño malcriado exigiendo, controlando, temiendo y alejando, empecinado en hacer de tu mayor miedo tu destino, para al final poder enfrentar sin atenuantes la sentencia que dicta tu ego: no mereces ser amado?

¿Cuántos años pasaste, querido muchacho, pensando que ese amor que sentías que te hacía falta tendría que venir de ella, que tu fantasía infantil de ser rescatado era un derecho? Me alegra ver que se te ha caído, no solo el pelo, sino tanta pendejada que tenías en la cabeza. Me alegra ver que comienzas a dejar de confundir amor con manipulación y me encanta ver que le dices la verdad: No cambiaste por ella, cambiaste por ti, cambiaste para ser por fin el hombre que ella se merece.

La tarea es de todos los días y yo estaré atento y listo a darte una patada en el culo cada vez que se te olvide que el amor es un oficio sagrado y requiere disciplina, compromiso, valor y, sobre todo, gratitud.

Querido _____

DE MAÑAS Y MANÍAS

Estoy trabajando en prestar atención, simplemente en entrenarme en la capacidad de estar atento, curioso con respecto a mí mismo, sin la intención ni el deseo de querer cambiar o arreglar nada.

Notar mis vicios y mis manías, percibir eso que, como si de una máquina se tratara, repito sin conciencia alguna. Me ha sorprendido la frecuencia de la crítica, la reacción impulsiva, la inmediatez de la censura y el juicio lapidario; he notado la dificultad que representa para mí hacer silencio, y por primera vez en la vida me he preguntado si para los demás resulta agradable o no conversar conmigo.

He notado lo irritable de mi carácter y cómo, sin compasión, maltrato, destruyo y alejo.

Observarme me ha resultado fascinante, primero porque me doy cuenta de que una cosa es lo que creo de mí, y otra, lo que soy.

Y eso que soy, sin lugar a duda podría ser distinto.

Querido Santiago:
No te pierdas nunca del privilegio de cambiar, de ser otro, uno nuevo cada día. No dilapides la posibilidad que te da la vida de poder construir tu propio futuro. No seas esclavo de tus vicios, ni prisionero de tu pasado, porque cada día, querido muchacho, es un eterno presente.

¿Qué quieres ser hoy? ¿Qué puedes hacer distinto hoy? De eso se trata la vida, de observar para aprender y de aprender para poder ser.

Querido _____

LO QUE FUIMOS

Las relaciones no se acaban, se acaba lo que fuimos.

Se acaban la ternura y la paciencia. Se acaba el interés y la disposición de escuchar con atención con el único objetivo de poder comprender.

Se acaban el entusiasmo y la creatividad, se acaba la gratitud.

Se acaban las risas y la complicidad, el placer de lo simple y la capacidad de sentir como propia la felicidad del otro.

Se acaba la libertad, y cuando se acaba la libertad, se acaba el amor.

Las relaciones no se acaban, lo que se acaba es la persona que fuiste, la persona de la que una vez el otro se enamoró.

Querido Santiago:
Como el primer día, con las mismas ganas, con el mismo asombro, con la misma entrega, con los mismos ojos, cuando nada te debía, cuando podía ser ella y para ti eso era más que suficiente, como el primer día, muchacho.

No se trata de que sea para toda la vida, se trata de que cada día sea siempre como el primer día.

Querido _____

SER SERPIENTE

Hay que ir mudando de piel, ir soltando tanto "quiero", tanto apego, tanta arrogancia, tanta opinión. Hay que ir soltando, de a poquitos, tanta censura, tanta crítica, tanto consejo no pedido, tanta necesidad de mejorar a los demás. Es necesario abandonar el vicio de ser quienes somos y las manías de nuestro yo.

Hay que soltar las viejas maneras para que retoñen nuevas posibilidades.

Hay que abandonar el afán de llegar para poder disfrutar el camino.

Hay que dejar de buscar motivos para amar y así poder conocer el amor.

Querido Santiago:
Así como un árbol se desprende de sus hojas secas, despréndete tú de todo lo que ya no necesitas, no es necesario que cargues aquello que ya no te nutre.

Haz un lugar para lo nuevo, aunque para ello debas sentirte vacío y descubierto por un rato. Al mudar sus hojas, el árbol parece muerto, pero en realidad solo espera con paciencia la llegada de la primavera.

Querido _____

CAMINO AL ANDAR

Con el tiempo entendí que en realidad no se llega a ningún lado, que la meta es solo trampa e ilusión, que el deseo es el arma con el que el ego nos arrebata el milagro del presente, que los sueños son para los que duermen, porque los despiertos están ocupados dándolo todo donde quiera que estén. Es lindo vivir sin prisa, sin distractores. Es bonito darse cuenta de que lo realmente importante no es el destino, sino la manera de caminar.

Querido Santiago:

¿A dónde vas con tanta prisa, muchacho? ¿Qué es eso que tanto sueñas conquistar? ¿Es que acaso no te has dado cuenta de que ya todo te fue dado y que tal vez lo único que te hace falta es la capacidad de valorar lo que hay? Quizá si te detuvieras un instante, notarías que ese instante es lo único que existe en realidad. Ese es el milagro de la vida, entender que en cada instante se manifiesta la eternidad.

Querido _____

_____
_____
_____
_____
_____
_____

MI VICIO FAVORITO

Creo que el peor vicio que he padecido ha sido la ingratitud, fruto de lo que fue por muchos años mi incapacidad de valorar lo que, a manos llenas, siempre me dio la vida. La ingratitud poco a poco erosiona la vida, la llena de pesimismo, de lamento y victimización, encuentra en todo un problema, y te hace añorar el sol cuando hay lluvia y lamentarte del calor cuando no hay nubes en el cielo. La ingratitud es el sello del que duerme, de aquel al que su ignorancia le hace creer que lo grande son sus problemas y lo pequeño e irrelevante es la majestuosidad de ese universo del que cree que no hace parte.

Querido Santiago:
La ingratitud es la enfermedad del distraído, del perezoso, de aquel que en silencio envidia e invierte su talento y capacidad elucubrando argumentos para justificar la pobreza de su vida. La ingratitud es el vicio del ego, quizá su pasatiempo favorito.

Valora, muchacho, pues quien valora es como un manantial del que brota la gratitud, que al mismo tiempo es oración, es sonrisa, es refugio, es hogar. Agradece especialmente cuando tu ceguera no te permita ver nada qué agradecer.

Querido _____
_____
_____
_____
_____
_____
_____
_____
_____

UN REGALO PARA DAR

La única forma de conocer a las personas es dándoles absoluta libertad, permitiéndoles ser, sin interferir con nuestras demandas, nuestras fantasías y nuestros miedos. Así como un árbol necesita un espacio para crecer, las personas necesitan libertad para aprender, libertad para elegir lo que consideren mejor, incluso cuando eso que se considere mejor no nos incluya o nos ponga en un lugar distinto del que esperamos.

Querido Santiago:

Déjalos ser, deja de estorbar. ¿De verdad te parece tan difícil? ¿Es realmente tan complicado renunciar a tu estrechez mental? ¿De dónde sacas la idea de que los demás tienen obligaciones contigo? ¿Por qué será que vives inventando derechos sobre los otros que solo existen en tu imaginación y tu fantasía? ¿De dónde viene esa necesidad constante de emitir opiniones que nadie te solicita y de auditar vidas ajenas desde la cómoda poltrona de tu ignorancia?

Querido _____
_____
_____
_____
_____
_____
_____

UNA BANDERA BLANCA

Propongo que tengamos una tregua, un momento para parar esta locura en la que estamos viviendo, un espacio donde podamos simplemente evaluar.

Así como la gasolina jamás apagará un incendio,
las armas jamás traerán la paz.
Los incendios se apagan neutralizando lo que los alimenta.
La paz se logra neutralizando la ignorancia que vive en
    nuestra mente
y justifica la violencia y la agresión.

Si quieres paz, renuncia a la agresión, a la prohibición y a la interferencia.

Suelta las armas del ego y mira lo que pasa en ti y a tu alrededor.

Querido Santiago:
¿No estás cansado de pelear, de argumentar, de justificar, de imponer, de condenar?

La paz es el resultado de la sabiduría y para ser sabio es necesario cansarse de tanta ignorancia.

¿No crees que, tal vez, ya es suficiente?

Querido _____
_____
_____
_____
_____
_____
_____
_____
_____

UNA CUENTA PENDIENTE

Me perdono por tanto dolor que me he causado, por cada día que desperdicié. Me perdono por los años de cigarrillos, de beber hasta perder la razón en busca de un alivio ligero a problemas profundos. Me perdono por todas las veces que no he sido el padre que mis hijas merecen, por la tiranía con mi esposa, por la dureza con mis padres, por el descuido de mis hermanas, por la deslealtad con mis amigos. Me perdono por ser una espada cuando se necesitaba que fuera un bastón. Me perdono por no perdonarme, por dudar de mi capacidad y disfrazar mis inseguridades de arrogancia. Me perdono porque estoy cansado de deberme, de exigirme y de cargar tanto rencor. Me perdono porque nos merecemos una oportunidad, nos merecemos ser amigos y tratarnos por fin con ese amor que siempre le hemos mendigado a los demás.

Querido Santiago:
Ya era hora de hacer las paces contigo, de que por fin entendieras que lo único que cura el alma es el amor. Siempre has sido suficiente, solo faltaba que te dieras cuenta, que te extendieras con amor la mano para levantarte una vez más.

Querido _____

¿AUTO QUÉ?

La autoestima no se proclama, no se trata de decir "Me amo", se trata de actuar en consecuencia, se trata de elegir lo mejor para ti, aunque no sea necesariamente lo que quieras. El amor propio se evidencia en la rutina, en las pequeñas acciones, que se convierten en prácticas, hasta que se vuelven parte de lo que somos. A mí no me digas "Yo me amo"; muéstrame cómo vives y te diré cuánto te amas.

Querido Santiago:
Aprende a elegir lo mejor para ti. Aprende a poner en tu plato, no lo que quieres, sino lo que tu cuerpo necesita. Aprende a no reaccionar como tu instinto reclama, sino a comprender y actuar como tu conciencia te indique.

Aprender a amarte es la tarea más importante de tu vida. Amarte requiere compromiso y sobre todo comprensión de que tienes solo una persona a cargo, y eres tú. Conviértete en tu templo, en el lugar donde puedas reconocer y honrar a ese Dios del que tanto hablas, y solo entonces comprenderás que, así como vive en ti, vive en todos y en todo. Entonces cada acto de tu vida será una plegaria y el amor que aprendiste a darte será tu ofrenda para el mundo.

Querido _____

PRECOZ

Es necesario aprender a disfrutar el proceso
y no caer en las tentadoras manos de la inmediatez.
Si tienes un sueño, aprende a amar el camino que lleva a él,
en vez de embelesarte con lo que crees que sentirás cuando lo logres.
La magia está en cada paso,
en aprender a dejar el alma en cada cosa que se hace,
pues hasta en la acción más pequeña se puede encontrar deleite, contemplación y sentido.

Querido Santiago:
No hay tarea pequeña para quien ha aprendido a observar con atención. En cada cosa hay un regalo oculto, en cada función la posibilidad de desarrollar áreas de ti que tal vez no conocías.

Aprende a reconocer en el tráfico de la ciudad el maestro para aprender a desarrollar la paciencia que tanto te falta; en ejercitar tu cuerpo, el maestro de la disciplina y el compromiso; en lavar los platos, tender tu cama y organizar tus cosas, la posibilidad de aprender estructura y orden.

Ese vecino que jamás te devuelve el saludo está ahí para enseñarte a ser compasivo y a dar, a encontrar en lo que das la satisfacción de lo que esperas recibir. Mira las hormigas, los pájaros, los árboles, el sol y las estrellas, abre los ojos, muchacho, pues todo fue hecho para ti.

Nunca olvides que tienes un padre y una madre que te aman tanto que te dieron la vida, así tú te niegues a disfrutarla.

Querido _____

_____
_____
_____
_____
_____
_____
_____
_____

QUE SIEMPRE SEAS TUYA

Solo cela el que cree que algo le pertenece. El ignorante que siendo esclavo de su pequeñez se declara dueño y propietario.

Yo no te quiero mía, te quiero tuya, y ME BASTA CON SER una parte de tu vida. No necesito ser el centro de nada, sino aquel que se sabe PARTE DE TODO.

Querido Santiago:
Los celos son miedo y el miedo no tiene nada que ver con el amor. En vez de estar creyéndote dueño de lo que no te pertenece, por qué mejor no optas por intentar ser siempre la mejor opción. Que tu amor sea un refugio, que siempre encuentre en vos afecto y comprensión. Dale alas para que vuele y no te sientas amenazado si no lo hace en tu dirección. Si la amas, disfruta de su alegría y comparte también su dolor. Si la amas de verdad, muchacho, entonces lo único que debe importarte es que encuentre su felicidad aun si esta no te incluye, porque el amor no se trata solo de vos.

Querido _____

DE TIEMPOS IDOS

Hay dos cosas que no deberíamos perder jamás: la capacidad que tuvimos de niños para dejarnos sorprender y disfrutar la vida, y la disposición a entregar lo mejor de nosotros que tuvimos cuando nos enamoramos. La primera se enriquece con experiencia, pues no es lo mismo inocencia que sabiduría, y la segunda, con trabajo y compromiso, porque una cosa es que me enamore y otra muy distinta que te ame.

Querido Santiago:
No olvides el corazón del niño que fuiste. El que te dejaba ver todo con asombro, el que te dejaba hacer amigos en cada lugar al que llegabas, el que olvidaba fácil los disgustos y recordaba siempre las risas y los abrazos. Ten de un hombre la disciplina, la firmeza, la fuerza y el compromiso, pero jamás olvides la ternura, la paciencia y la belleza del corazón de un niño.

Querido _____

_____
_____
_____
_____
_____
_____
_____
_____
_____
_____

DE CABEZA AL AGUA

Y ahora resulta
que pensar
en nosotros
es narcisismo.

Que renunciar a la idea de que tenemos el derecho de imponerle a los demás nuestros deseos y dejar de convertirlos en esclavos de nuestras expectativas es egoísmo.

Esta tendencia de poner de moda rótulos para disfrazar de evolución nuestra ignorancia sí que es cómoda, en especial para los que practican el *hobby* de saberse buenos.

Pensar en ti no es egoísmo ni narcisismo, es tu responsabilidad. Si la ejercieras, dejarías de ser un peso para los demás; si la ejercieras, entenderías que los demás no tienen ninguna obligación contigo; si la ejercieras, por fin entenderías que viniste a aprender a ser feliz por ti mismo y que el día que eso suceda, entonces tendrás por fin algo que entregarles a quienes amas.

Querido Santiago:
Egoísmo es esperar que otro cambie para que sea cómo tú quieres, así que si te tildan de narcisista por hacerte cargo de ti, por permitir que los otros vivan lo que les corresponde, por dejar de interferir con sus aprendizajes; si te llaman narcisista por enfrentar el miedo a ser abandonado, por callar tus opiniones cuando nadie te las ha solicitado, si aprendes a no pasar por encima de ti y a entender que los demás tampoco deberían pagar ese precio por tu amor, entonces lleva con honor tu nuevo rótulo.

Cada uno interpreta con lo que tiene adentro, muchacho, así que sigue siendo lo que eres, que para los demás siempre serás lo que ellos quieran ver.

Querido _____

OM

Nos han vendido la idea de que para ser espirituales hay que huir, alejarse del mundo, retirarse a la montaña o hablar diferente, con un tono meloso e impostado. Por eso es que al ego le interesa tanto la espiritualidad. La espiritualidad tiene que ver con enfrentar nuestra realidad y reconocer que en ella está nuestro trabajo y lo que necesitamos aprender.

Querido Santiago:
Ser espiritual no tiene que ver con hablar de Dios, sino con reconocerlo dentro de ti y por ende en cada ser humano y cada criatura de la creación.

Ser espiritual no tiene que ver con hablar de amor, sino con practicarlo, renunciando a la idea de que los demás deben ajustarse a tu ignorancia y ser como tú quieres.

Ser espiritual es comprender que no hay nadie mejor que nadie, y que el hecho de que estemos aprendiendo cosas diferentes y que se nos faciliten más algunas a unos que a otros, no nos hace superiores.

Querido _____

LO QUE NO SE PUEDE PERDER

No necesitar no tiene nada que ver con no valorar: el que necesita depende y el que depende es esclavo; necesitar es una carga, quien necesita no tiene opción, al contrario de quien valora, pues este cuida, respeta, nutre y elige en libertad. Si no te necesito, estoy porque te elijo; si no te necesito, mi compromiso es con el amor que te tengo, no con el miedo que me pueda producir la idea de perderte.

Querido Santiago:
No se puede perder nada ni a nadie, porque nada te pertenece muchacho. Todo lo que existe le pertenece a quien te dio la vida. No le pongas requisitos de ningún tipo a tu felicidad, para que no te conviertas en un esclavo de tus apegos; disfruta sin poseer y agacha la cabeza soberbia de tu ego, para poder agradecer de rodillas por los milagros que no solo te rodean, sino que te constituyen. Ama y no temas, todo lo demás es solo ilusión.

Querido _____
_____
_____
_____
_____
_____
_____
_____
_____
_____
_____
_____
_____

CARTAS PARA EL PADRE QUE NO HE SABIDO SER

Papá, ¿qué por qué no te digo la verdad?

Primero, porque quizá confundes la verdad con tu forma de ver la vida.

Segundo, porque estás más interesado en tener la razón que en prestarle atención a lo que estoy viviendo.

Y tercero, porque temo que si te muestro lo que soy, sin filtros, el resultado será que te alejes de mí, pues caeré en el abismo inmenso entre lo que esperas de mí y lo que soy y tengo para dar.

Así que prefiero mentir a perderte. Prefiero sentir tu amor, así ese amor no sea hacia mí, sino hacia lo que necesitas creer que soy.

La confianza no se exige, la confianza se gana y la tendrás el día que tu amor deje de ser un espejismo y se convierta por fin en una realidad. Mientras tanto no me preguntes por qué te miento, porque ya sabes la respuesta.

Querido Santiago:
¿Por qué pretendes cosechar honestidad, cuando eso no es lo que has sembrado en tu vida? ¿Por qué te sorprende que tus hijas te mientan, si el precio de la verdad será de seguro tu rechazo, tu dureza, tus juicios, y tu lapidaria y sorda verdad? Te mienten porque no te has ganado el derecho a que te digan la verdad. Te mienten porque prefieren la esperanza de un abrazo que la certeza de un castigo. Te mienten porque no has sido capaz de mostrarles con actos y no con palabras que tu amor por ellas no tiene condición, porque, aunque te llenes la boca diciéndoles que así las amas, tus condiciones brotan a raudales cada vez que ellas no coinciden con tus creencias y tus deseos. Te mienten porque no has sabido mostrarles con amor y paciencia las

consecuencias de sus acciones, sin que estas involucren perder tu afecto y tu comprensión.

Te justificas en que las estás educando, en que tu dureza y tiranía son evidencia de tu supuesto amor, pero tú y yo, muchacho, sabemos que el amor es firme, jamás tirano, y que solo un ignorante confunde enseñar con domesticar, que es lo que haces cada vez que usas tu cariño como moneda de cambio para amoldarlas a la medida de tus propios miedos. Tus reacciones de rabia, tu impaciencia, tu mirada severa, tu voz cortante y tu irritabilidad son muestra clara de que si bien exiges la verdad no estas preparado para merecerla. La verdad es para quienes han aprendido a escuchar sin juicios, para los que comprenden y acompañan al otro a que hagan su propia comprensión. La verdad es para los que caminan sus palabras, pues su ejemplo es faro y no cadena.

Así pues, muchacho, te mienten, porque a tus hijas no les importa ni tus discursos ni tus proclamas, se nutren de tus actos y aprenden del hombre y el padre que eres, no del que crees ser.

Ser padre tiene poco que ver con ellas, muchacho, y mucho que ver contigo. Gánate su confianza y entonces acudirán a ti, con la certeza de saberse amadas. Solo así podrán ver en tus huellas un apoyo para encontrar su propio camino.

Querido _____

CARTA PARA UNA HIJA

Princesa de mi corazón, quiero decirte que siento mucho la forma como reaccioné al darme cuenta de que me habías mentido. El tono de mi voz, las palabras que utilicé, la forma como te miré, hice todo mal, y decir que esa no era mi intención no cambia nada. Quería decirte que ser papá es un trabajo que muchas veces no sé hacer de la mejor manera. No siempre te he dado la atención ni el tiempo que tú y tus hermanas se merecen. Sé que muchas veces no tengo ni la paciencia ni la serenidad para acompañarte, para comprenderte y orientarte. Sé que a tus ojos debo parecer un señor ofuscado que siempre encuentra algo de qué quejarse y alguna razón para no ser feliz. Un señor que al que se le olvidó jugar y soñar. Me acuerdo que cuando yo era un niño me prometí que nunca me iba a convertir en un adulto como esos que yo también vi, rígidos, sin tiempo, que no se sentaban en el suelo porque se les ensuciaba la ropa y que vivían preocupados todo el tiempo, como si preocuparse fuera una virtud que yo no lograba comprender. Cuando era niño me prometí que nunca me iba a convertir en lo que soy hoy.

Sé que muchas veces cuando quieres hablar conmigo busco cualquier excusa para no escucharte y me pierdo de compartir contigo ese mundo hermoso en el que tú vives y que pareciera que yo olvidé, como si pudiera existir algo más importante que compartir mi vida contigo.

Quiero que sepas que entiendo por qué me mentiste; yo también le mentiría a un señor ofuscado y gruñón. Un señor al que cuando le dices la verdad se molesta y te quita su amor para castigarte.

Voy a contarte un secreto: también yo cuando era niño aprendí a mentir, porque pensaba que si decía la verdad me iban a dejar de querer. Pensaba que tal vez mintiendo podría lograr eso que quería y que me decían que no podía hacer. Pensé que era el camino más fácil para lograr lo que quería y sin darme cuenta me acostumbre a tomar siempre ese camino, que al final nunca me llevó al destino prometido. El camino de las mentiras le ha traído mucho dolor a mi vida. Perdí la confianza de mucha gente y muchos se alejaron de mí como resultado de mi forma equivocada de actuar. Quiero decirte que por más que algunas veces logré engañar a muchos, nunca pude engañarme a mí mismo y tuve que vivir cargando con el peso del engaño, que no solo lastimó a los demás, sino que —y por encima de todo— me lastimó profundamente.

Tal vez no te acuerdes, pero cuando todavía eras un bebé me gustaba olerte y preguntarte: "¿A qué hueles?". Y tú me decías:

"A princesa". Y después te preguntaba: "¿Y a que huelen las princesas?". Y tú me decías: "A puro".

Quiero decirte que para mí sigues oliendo a princesa y a puro. Que no me importa que me mientas porque te juro que te voy a amar siempre y nada ni nadie podrá hacer que eso cambie jamás. Te amo de la misma forma que te amé desde la primera vez que te vi. Te amo siempre, no lo olvides nunca: siempre y para siempre. No tienes que hacer nada para ganarte mi amor porque es tuyo y te pertenece.

Perdóname por mis reacciones, por ser duro contigo y por mi torpeza para enseñarte. El hecho de ser tu papá no me da ningún derecho a tratar de conseguir con dureza lo que debería ser el resultado natural del ejemplo y del amor. Al igual que tú, también estoy aprendiendo, y ser un buen papá es más difícil de lo que pensaba. Y ahora que estoy aprovechando para contarte la verdad, me doy cuenta de que no estaba ni remotamente preparado para serlo. Te prometo, mi princesa linda, que nunca voy a dejar de intentar ser mejor para ti, que no voy a rendirme nunca, y que espero de corazón llegar a ganarme tu confianza, para que sepas que siempre te voy a apoyar y siempre podrás contar conmigo sin importar lo que hagas o dejes de hacer.

Trata de aprender a decir siempre la verdad, pues te aseguro que así tu vida será más fácil. Prometo darte más libertad y ser cada vez menos ese señor que ni a ti ni a mí nos gusta, para que así sepas que puedes decirme lo que sea y hablar conmigo de cualquier cosa. Confió en tu inteligencia increíble y en ese corazón hermoso que tienes y, que estoy seguro, siempre guiará tus pasos. Sé que te vas a equivocar muchas veces y seguramente yo también, y que juntos iremos aprendiendo.

¡Te amo, princesa de mi corazón, te amo con toda mi alma, te voy a amar siempre y siempre serás mi sueño que se hizo realidad!

Gracias por dejarme ser tu papá.

PD: Esta carta te la escribió mi conciencia, que con mucho amor y paciencia se está tomando el trabajo de enseñarme a ser papá.

Querido _____

PARA VOS, QUE SOS TODO. ESTA ES PARA VOS.

Tu amor me hizo mejor. No mejor que nadie, simplemente mejor de lo que era o quizá tal vez solo me hizo recordar lo que en realidad era. Sacudió el polvo que me cubría y con una paciencia monumental me acompañó mientras se fueron cerrando las heridas. Tu amor me enseñó a transformar en orgullo la vergüenza de tanto tropiezo y a lucir con gallardía cada cicatriz, pues me enseñaste que son la evidencia de haber vivido y del valor que representa haberme levantado cada vez que me caí. Vos viste en mí lo que yo no podía. Creíste en mí, cuando yo siempre le hubiese apostado a mi rival y me enseñaste a mirarme con tus ojos, para entender que la belleza con la que me viste era el reflejo de la belleza que siempre habitó en mí.

Querido Santiago:
Agradecele de rodillas, porque fue ella quien te vio antes de que vos te vieras, porque se la jugó entera por vos sin dudarlo un segundo, mientras el mundo le gritaba que estaba loca. Agradecele muchacho y devolvele con creces los réditos de la fe que puso en vos, sabiendo que, aun dándole todo, será poco, porque no hay como saldar por completo una deuda de verdadero amor.

Querido _____

_____
_____
_____
_____
_____

HERNÁN Y LA MONA

De niño pensaba que ser adulto debía ser muy fácil, y ahora que soy un adulto y me convertí en esposo y padre me doy cuenta de lo difícil que se hace muchas veces hacer lo correcto. Cuántas veces los juzgué, cuántas veces los rechacé, cuántas veces los alejé, cuántas veces no fui capaz de verlos con compasión. Ahora entiendo que yo tampoco sabía hacerlo de otra manera y me resulta casi un milagro que la vida me dé la posibilidad, después de tantos años de desencuentros y equivocaciones, que hoy pueda decirles simplemente que los amo y les pido perdón.

El tiempo que me quede será para devolverles. Espero que al verme hoy en día puedan reconocer el amor que con empeño sembraron en mí y que se sientan orgullosos, no de mí sino de ustedes, porque fueron quienes hicieron de mí este hombre que soy. Ese que se cae, se sacude y se levanta. Ese hombre que lo sigue intentando, que quiere ser útil y no importante. Ese hombre que quiere devolverle al mundo un poquito de lo mucho que los dos me dieron. Espero que sepan que los llevo adonde voy y que el amor que hoy acompaña el camino de sus nietas es el amor infinito que ustedes con su ejemplo grabaron en mí.

Querido Santiago:
Espero que para este momento de tu vida ya tengas claro el por qué y el para qué de los padres que elegiste. No podía ser de otra manera, no podían ser otros, ni ellos ni las condiciones en que todo pasó para que hoy puedas ser lo que eres. Honrarás a padre y madre, muchacho. Significa que ahí donde vayas llevarás su amor tatuado en la piel y en el corazón. Honrarlos significa aprender de ellos, de sus incontables virtudes y de sus limitaciones, que buscan darte a entender que las cosas pueden

hacerse siempre de manera diferente. Creo que ahora que eres padre entiendes que en realidad hicieron lo mejor que pudieron con la información que tenían, y ya estás en capacidad de decir, lleno de convicción y certeza: **Gracias por todo**. Por lo que fue y lo que no. Gracias por ser, gracias por estar y por haberte amado con ese amor que solo ahora que eres padre puedes comprender. Un amor que no se puede explicar, que no se puede nombrar, que no hay cómo definir. Un amor que lo llena todo, que lo desborda todo, que rompe el miedo y conmueve el alma. Ese amor, muchacho, es, tal vez, lo más parecido que experimentarás como humano. El amor del padre y la madre, el amor que nos dio la vida a todos, es el lugar de donde venimos y donde algún día, sin lugar a dudas, todos nos volveremos a encontrar.

No te preocupes porque algún día se hagan viejos, porque el amor no envejece y ellos, como todo lo que es real, perdurarán para siempre.

Querido _____

LO QUE NO SUPE DAR

Qué fácil se opina a veces desde la cómoda poltrona de la subjetividad, qué fácil se condenan los pasos y el camino del extraño sin haber usado sus zapatos jamás. Qué cómodo es desconocer al otro para mantenerlo ajeno y así estar blindados contra su dolor y su dificultad. Cuántos que necesitaron de mí un abrazo o un hombro para llorar, cuántos que necesitaban simplemente ser escuchados, se fueron con el corazón vacío y las manos llenas de indiferencia y mezquindad.

Querido Santiago:
Compasión significa respeto por la debilidad ajena. Ser compasivo es estar ahí para que el otro pueda compartir contigo también su dolor, pues de las alegrías, muchacho, todos quieren ser partícipes. Ojalá que el que sufre pueda encontrar en ti un refugio, un espacio dónde esperar con paciencia a que el dolor se diluya cuando haya terminado su trabajo y a su paso deje sosiego, fortaleza y serenidad.

¿Qué clase de amigo eres, muchacho? ¿Qué clase de hermano? ¿De hijo? ¿De papá? Es grato encontrarse en una acera contigo. ¿Estarás ahí para todos cuando no quede nadie más?

Aprende a ser bastón, oído, mano amiga, mente abierta, cultiva un corazón manso donde quepan todos, porque nadie es extraño. Al fin y al cabo, todos somos solo partes, fragmentos, partículas, viajeros que se dirigen al mismo lugar.

Querido _____

¿TODO?

Elegir no es otra cosa que renunciar. Qué tonta e infantil es la idea de querer tenerlo todo, qué caprichoso y obstinado es el ego que se inventó el derecho y el merecimiento para hacernos llamar justo a lo que se ajusta a los deseos, e injusta a la realidad.

Querido Santiago:
La libertad es un regalo que se te dio para elegir y esto implica optar por algo. Optar por ese algo inevitablemente conlleva a dejar de elegir algo más. La libertad se te dio para que puedas

aprender y eso solo ocurre cuando llegas a asumir tus elecciones, muchacho.

La vida que tienes es el resultado del ejercicio de tu libertad, de lo que escogiste y de aquello a lo que consciente o inconscientemente también elegiste renunciar. Ya va siendo hora de que te hagas responsable de tus resultados. Ya va siendo hora de que entiendas que la queja no transforma la realidad. Lo que no te gusta hará parte de tu vida hasta que comprendas por qué ocupa ese lugar hoy. Así que, si logras hacer conscientes tus elecciones, podrás conectar tus resultados con ellas y solo así podrás cambiar aquellas que ya no sirven y reemplazarlas por otras que te muestren nuevas posibilidades, nuevos destinos, nuevas maneras de pensar, sentir y actuar.

Ser libre es ejercer el regalo de poder comenzar cada día como si fuera el primero, pero con la experiencia que te trajo el pasado para reconocer que hay piedras con las que tal vez ya no necesitas volver a tropezarte.

Querido _____
_____
_____
_____
_____
_____
_____
_____
_____
_____
_____
_____

¿PARA DÓNDE VAS CON TANTO AFÁN?

El regalo más preciado que se nos da es el tiempo. Aun así, hemos creado un mundo donde llamamos exitoso al que no tiene tiempo para nada de lo que importa: la salud, el disfrute, la gratitud, el silencio, la contemplación. Parece que nos sobra tiempo para ser importantes, pero nunca tenemos tiempo para vivir. ¿En qué momento empezamos a pensar que luchar por conseguir es lo mismo que vivir?

Querido Santiago:
¿A qué llamas vivir, muchacho? ¿A esa frenética carrera sin sentido, saltando de una meta a la siguiente, vacío y siempre de afán? ¿Por qué llamas vida a tu compulsión neurótica por lograr, demostrar y crecer? ¿A qué llamas crecer, muchacho? ¿Qué determina tu tamaño? ¿El auto que conduces, el tamaño de tu casa, las cosas que se arruman sin que jamás las llegues a usar? ¿Qué te hace importante? Tal vez la métrica sea no tener jamás una tarde para disfrutar la compañía y la vida de esos que te precias de amar. Eres un espécimen curioso de observar. Te llenas la boca hablando, pero tu cabeza y tu culo nunca logran encontrarse en el mismo lugar.

Sería bueno replantearte a ti mismo. Desde acá te observo hace años y hoy tienes mucho más de lo que un día hubieras podido soñar y, a pesar de eso, tu mente enferma solo añora, desea y aún no aprende a darle valor a lo que has conseguido. Parece que creyeras que el tiempo se puede echar para atrás. Nadie te va a devolver la niñez de tus hijas, la vida de tus padres. Nunca vas a estar más joven que hoy y lamento mucho informarte que esto es un suspiro, que tendrás que despedirte de todos tarde o temprano. Así que, por favor, disfruta. Disfruta porque la vida no puede ser un regalo que se te olvide destapar.

Querido _____

UN HOMBRE DE VERDAD

Es triste cómo nos castraron, en especial a los hombres, la posibilidad de expresar el afecto y la ternura. Cómo nos cercenaron los abrazos y las lágrimas, y nos impusieron la dureza, la ambición y la competencia como muestra de valía y de dimensión testicular. A veces desempeñar este papel del que cree que puede echarse el mundo al hombro nos hace olvidar que todos necesitamos un abrazo, una palabra que nos recuerde que no estamos solos y nos diga que se vale tener miedo y sentir que "no soy capaz". Ser hombre no significa que a veces no diéramos la vida por devolver el tiempo y ser niños de nuevo, para escondernos entre las piernas de papá o mamá.

Querido Santiago:

Que no te confunda este mundo que llama hombres a los que no lo son. A bárbaros que solo piensan en someter, subyugar, poseer y controlar.

Ser hombre es aprender a reconocer que la fuerza se te dio para proteger y cuidar. Ser hombre es ser responsable y dueño de uno mismo, tener temple para aprender a responder en vez de reaccionar. Ser hombre es reconocer la tristeza y darle su lugar, es expresar la ternura, abrazar y decir "te amo" sin vergüenza. Ser hombre es tener el valor de enfrentarte contigo mismo para dejar de ser de una vez por todas una amenaza para los demás.

Los otros hombres no son tu competencia, no tienes que vencerlos ni tienes nada que demostrar. Son tus hermanos, también están ahí para ser amados. Ojalá sepan que pueden contar contigo, que juntos y de la mano seguramente valen mucho más.

Querido _____

UN HOGAR

Me gusta la gente que parece un hogar donde caben todos. Esos que convierten cada acto simple en una conmovedora muestra de amor. Esos de mirada profunda y cristalina. Esos con los que la vida se hace ligera y de calidad. Esos que piensan en vos cuando oyen una canción y la comparten. Esos que te cocinan para decirte que sos importante. Esos que te sonríen por la calle sin motivo alguno para recordarte que el mundo no es un campo de batalla. Esos que disfrutan tus logros como si fueran propios y comparten tus penas para que no tengas que cargarlas solo. Me gusta la gente que tiene el corazón como una casa con las puertas siempre abiertas. Me gustan esos que me inspiran con su ejemplo a ser el hombre que quiero llegar a ser.

Querido Santiago:
Alguna vez me preguntaste: ¿Qué debería ser cuando grande?
   Deberías ser un hogar.

Querido _____

EL TRABAJO PERSONAL

Se llama trabajo personal, porque requiere esfuerzo, compromiso y renuncia a lo que hemos sido. Una nueva y mejor versión de vos requiere práctica, entrega y devoción.

Practicar, una y otra vez, y después otra y otra más. La magia no existe, pero los resultados del trabajo son mágicos. Entonces llegará un día en que el trabajo deje de ser trabajo y se transforme en disfrute y plenitud. Llegará un día en el que dejarás de ser vos para saberte uno con todo.

Querido Santiago:
Disciplina, compromiso y templanza. No esperes disfrutar de una plenitud que no te has ganado. No esperes milagros, pues estos, si bien están siempre presentes, solo pueden ser contemplados por aquellos que han tenido el valor de renunciar a la ceguera, a su propia ignorancia, para abrir los ojos de la sabiduría y la compresión.

Trabaja, muchacho, trabaja y después trabaja más, hasta que de la mentira que construiste no quede nada y por fin puedas conocer lo que eres en realidad.

Querido _____
_____
_____
_____
_____
_____
_____

Queridas Paloma, Montserrat y Mar:
Cada carta, aunque esté titulada "Querido Santiago", la escribí con la esperanza de que, si algún día estoy lejos, puedan encontrar en ellas mi voz, mi apoyo y mi amor sin condición. En ellas está recopilado lo poco que he aprendido en esta vida. Espero que sean útiles hasta que llegue el tiempo en que nos volvamos a encontrar.

Las ama, siempre y para siempre,

El papá

Querido lector:
Si bien escribí este libro para mí, espero que el recorrido por estas páginas haya sido útil. Que en ellas hayas encontrado apoyo, compañía y comprensión, pero, sobre todo, esperanza. Me hace ilusión pensar que tal vez vos también te hayás escrito alguna carta, y que estés conversando con vos en este momento. Espero que podás recorrer tu camino con fe y convicción, y que sin importar cuantas veces mordás el polvo, y te rompás las rodillas, encontrés el valor y la fuerza para intentarlo una vez más.

Alguna vez escribí que quisiera ser un hogar donde caben todos. Quisiera ser un buen amigo, quisiera ser el abrazo que alguna vez me faltó, quisiera ser silencio para el que necesite ser escuchado, quisiera ser una palabra de aliento que diga con firmeza que todo va a estar bien, aunque todo este hecho un desastre. Quisiera que sepás que, aunque no te conozca, me importás y te amo. Quisiera que sepás que donde quiera que estés contás conmigo y que seguramente, si trabajamos juntos, haremos de este planeta un lugar mejor para los que vendrán. Si alguna vez tengo el privilegio y el honor de cruzarme en tu camino, vení, dame un abrazo y dame la oportunidad de decirte de corazón: GRACIAS.

SANTIAGO

Agradecimientos

A HERNÁN, LA MONA, JULI y ELI, POR SER MI HOGAR, MI REFUGIO Y EL ESPACIO DONDE SIEMPRE PUEDO VOLVER A SER UN NIÑO.

A MANUELA, POR APOSTAR POR MÍ CONTRA TODAS LAS POSIBILIDADES, POR NO RENDIRSE NUNCA Y POR SER LA EVIDENCIA DE QUE EL AMOR CURA, SANA Y TRANSFORMA TODO. GRACIAS POR SER MI MOTIVO, POR LLENARME DE GANAS Y POR LA GENEROSIDAD QUE HAS TENIDO AL QUERER COMPARTIR TU VIDA CONMIGO. SIN TI, SIMPLEMENTE NO SERÍA YO.

A PALOMA, MONTSERRAT Y MAR POR MOSTRARME UN AMOR QUE NO CONOCÍA. JAMÁS ENCONTRARÉ LAS PALABRAS QUE LE HAGAN JUSTICIA.

A MIS AMIGOS QUE HAN SIDO LA FAMILIA QUE ELEGÍ, GRACIAS POR HABER ESTADO AL PASAR TODO Y A PESAR DE TODO.

A LA FAMILIA CASTRO CARVAJAL POR SER LOS INSTRUMENTOS PARA TRANSMITIR LA INFORMACIÓN QUE CAMBIÓ PARA SIEMPRE MI VIDA.

A TODOS LO QUE HAN HECHO PARTE DE MI CAMINO, A LOS QUE CON SU EJEMPLO INSPIRARON CADA UNA DE ESTAS LETRAS, A LOS QUE CREYERON EN MÍ CUANDO NI YO MISMO CREÍA, A LOS QUE TUVIERON EL AMOR, LA PACIENCIA Y LA COMPASIÓN PARA ENCONTRAR EN MÍ LUZ DETRÁS LAS SOMBRAS.